OUVRAGES

SUR

DIVERS SUJETS

Par M. l'Abbé de SAINT PIERRE, de l'Academie Françoise.

PROJET

POUR PERFECTIONNER

L'EDUCATION.

Avec un discours sur la grandeur
& la sainteté des hommes.

Par M. l'Abbé de SAINT PIERRE.

A PARIS,

Chez BRIASSON, ruë Saint Jacques,
à la Science.

M. DCC. XXVIII.

Avec Approbation & Privilege du Roy.

PREFACE.

N des moyens les plus éficaces pour augmenter le bonheur des hommes, c'est de leur faire prendre infenfiblement dans l'Enfance & dans la Jeuneffe, les habitudes, qui font les plus propres à leur faire éviter les maux que cauzent les injuftices reciproques, & à leur procurer les biens qui naiffent naturellement d'une bienfaizance naturelle, c'est à cet uzaje, que font déftinées les neuf ou dix anées d'Education, qu'ils paffent ordinairement dans les Coleges publiqs.

C'eft pour cela que j'ai toûjours regardé l'Education de la Jeuneffe, non feulement comme une partie principale du bon gouvernement, mais encore

PREFACE.

comme la bâze de la crainte &
de l'esperance religieuze qui
doivent dominer dans notre conduite; c'eſt pour cela, que j'ai
ramaſſé depuis pluſieurs anées,
les veües les plus propres pour
perfeCtionner tous les jours cette importante partie de la police
humaine.

En général les hommes reſſemblent un peu à 27. ou 28.
ans â ce qu'ils ont été à 17. ou
18. ans. Au ſortir du Colege,
ils reſſemblent vieux à ce qu'ils
ont été à 28. ou 30. ans, les objets, les afaires, les ſituations de
fortune changent, mais les habitudes ſubſiſtent, il eſt vrai, que
de dix en dix ans nous aquerons
quelquefois de nouvelles habitudes, bonnes ou mauvaizes, mais
déz que l'âge, dans lequel les
paſſions ſont plus vives, & les
illuzions plus grandes, eſt paſſé;
les habitudes raizonables, les ma-

ximes de prudence, que l'on a prizes durant ces premiers dix ans d'exercices, reprenent a la fin afféz ordinairement les deffus dans les motifs de nos actions, & commencent à regler notre conduite, foit pour notre propre bonheur, foit pour notre propre malheur, foit pour le bonheur, foit pour le malheur de ceux avec qui nous avons à vivre.

Ainfi il eft de la derniere importance tant pour les particuliers jeunes, que pour leurs Concitoyens futurs, c'eft-à-dire pour l'Etat avenir, que la Jeuneffe prene durant ces dix anées d'Education de fortes habitudes à la prudence & à la raizon, pour choizir ce qui peut le plus contribuer à éviter les maux, & à augmenter leurs biens, & par confequent, il eft abfolument néceffaire, que les Ecoliers prenent une habitude la plus forte qu'il

PREFACE.

fera poſſible, pour l'obſervation de la juſtice, pour la pratique de la bienfaizance, pour la pratique de la patience & du pardon dans les injures, qui eſt la principale partie de la bienfaizance, & que l'eſprit aquiere l'habitude à l'aplication, qui eſt l'unique ſource de tous les grans talens propres à augmenter conſiderablement notre bonheur & le bonheur des autres.

Si l'on veut conoître avec ſeureté quelles regles ſont les plus importantes à pratiquer & à faire pratiquer dans les Coleges, il eſt abſolument néceſſaire, que ceux qui les dirigent, aient toûjours devant les yeux, le but qu'ils doivent ſe propoſer dans l'Education de la Jeuneſſe, & les moyens généraux les plus propres pour ariver à ce but.

Il eſt même néceſſaire, que les Directeurs de ces Coleges

conoiſſent le degré d'eficacité &
de facilité de chacun de ces
moyens généraux, afin qu'ils donent dans le cours de l'Education, plus de tems & plus d'a-
tention à les employer pour faire aquerir aux Ecoliers à force
de répetitions diferentes, les habitudes qui leur ſont les plus importantes, qu'à les employer pour
leur faire aquerir des habitudes
ou des conoiſſances incomparablement moins importantes, ce
qui eſt le principal défaut de notre Education préſente.

J'expoſerai donc dans la premiere partie, le but général de
l'éducation, qui eſt de rendre
l'enfant plus prudent, & par conſéquent plus moderé, plus retenu,
plus temperant, acoutumé à déliberer, 2°. de le rendre plus juſte, 3°. de le rendre plus bienfaizant, & par conſéquent plus patient dans les injures, 4°. de le

PRE'FACE.

rendre plus circonfpect dans fes jugemens, plus atentif à raizoner jufte, 5°. de le rendre plus apliqué à cultiver fa mémoire, & à la remplir des faits & des maximes les plus utiles dans la focieté: j'y examinerai donq ces cinq moyens généraux.

Je ferai dans la feconde partie plufieurs obfervations fur les moïens particuliers les plus comodes & les plus éficaces pour mètre en euvre ces moïens généraux, & pour faire aquerir aux enfans, au plus haut degré, les cinq habitudes les plus importantes.

Dans la troifiéme, je donerai par les réponfes aux objections, les éclairciffemens les plus neceffaires au fujet.

Rendre les hommes beaucoup plus vertueux & beaucoup plus hureux qu'ils ne font, en perfectionant de beaucoup, l'éducation

PRE'FACE.

de la jeuneſſe dans tous les Etats
Crétiens eſt un très grand objet,
& comme c'eſt aux FiloſofesCré-
tiens à trouver par la méditation
& à démontrer dans leurs écrits,
les veües les plus convenables,
& les moyens les plus ſimples &
les plus éficaces pour y réuſſir,
c'eſt à ceux qui ont part au gouvernement des Etats à les examiner, & s'ils ſe trouvent raizonables à les faire éxecuter, ſoit
prontement, ſoit peu à peu, ſelon les conionctures qui ſeront
plus ou moins favorables.

AVERTISSEMENT.

1°. JE me fers dans cet ouvrage du mot bienfaizance que je croi ou nouveau, ou renouvèlé, & je m'en fers par les raizons que j'ai expliquées dans un difcours pour perfectioner les Langues, où je démoutre, qu'il eft à dezirer dans toutes les Langues, qu'il s'y forme des mots nouveaux quand ils font neceffaires, ou pour abrejer le langage, ou pour fignifier certaines diferences entre nos idées, ou certaines diferences entre nos fentimens que d'autres mots n'expriment pas ni avec la même breveté, ni avec la même clarté, ni avec la même précizion. Nous n'avons point dans notre Langue d'autre mot qui exprime préci-

zement l'action du bienfaizant, l'action de faire du bien, de faire plaiʒir, de procurer des avantages aux autres hommes.

Il eſt vrai que nous avons les mots *amour ou charité envers le prochain*, mais 1º. ce font quatre mots pour un, 2º. le mot *prochain* peut avoir une ſignification trop reſtrainte, 3º. ces mots ſignifient bien le principe de l'action, mais non pas l'action même, 4º. quiconque voudra ſubſtituer dans cet ouvraje les quatre mots *charité envers le prochain* au mot *bienfaizant* ſentira ſouvent qu'ils n'expriment point précizément la même idée que *bienfaizance*, charité eſt équivoque, ſur tout entre les Teologiens, 5º. le mot amour eſt encore plus équivoque.

Or pour éviter ces équivoques & pour ſe faire entendre précizément & clairement, il a falu ſe

AVERTISSEMENT.

ſervir d'un mot que l'uzáje n'eut point encore rendu équivo-que, & voilà le cas de la necef-ſité d'uzer d'un mot nouveau, ſur tout quand il eſt facile d'en deviner la ſignification, & qu'il eſt dans l'analogie de la Langue; or on m'avoüera que l'on devine auſſi facilement la ſignification de bienfaizance, que l'on devine que la ſignification du mot *médizance*, eſt l'action du médizant: on ſent que *médizance* n'eſt pas plus dans l'analogie de la Langue que *bienfaizance*.

TABLE

DES CHAPITRES.

PREMIERE PARTIE.

TABLE

DES CHAPITRES.

TABLE

TROISIEME PARTIE.

OBJECTIONS.

DES CHAPITRES.

TABLE

PROJET
POUR PERFECTIONER
L'EDUCATION

❖❖❖❖❖❖❖❖❖❖❖❖❖❖❖❖❖❖❖❖❖❖

PREMIERE PARTIE,

CHAPITRE I.

BUT DE L'EDUCATION.

Le But de la bone Education en ge-
neral eſt de rendre le bonheur de
l'Ecolier, de ſes Parens & des au-
tres Citoyens beaucoup plus grand,
qu'il ne ſeroit ſans une pareille
Education.

Explication de cette Definition.

I.

NUTILEMENT on cher-
cheroit un autre but dans
l'Education des hommes, que
l'augmentation de leurs biens
& la diminution de leurs
maux ; ils ſont portés dés leur naiſſan-

A

ce inceſſament & comme invinciblement vers ce but, c'eſt-à-dire qu'ils ſont portéz par leur nature à chercher le plaiſir, & à éviter la douleur, & par conſequent, vers les objets qu'ils croient devoir leur procurer du plaiſir, & les exemter de la douleur; or comme il n'eſt pas poſſible de changer la nature des hommes, il ne s'agit, que de bien diriger ce penchant invincible en diminuant leurs erreurs ſur ce qu'ils prenent pour des biens & pour des maux, & particuliérement leurs illuſions, ſur ce qu'ils prenent pour des maux futurs les uns plus grans & plus durables, les autres moins grans & moins durables, qu'ils ne ſont en effet.

Leur penchant naturel vers le bonheur, vers le plaiſir en general eſt bon; leur averſion naturéle pour la douleur, pour le malheur en general eſt raiſonable.

Mais comme ils ſe trompent ſouvent dans les jugemens qu'ils font ſur la vraye valeur des objets par raport à leur bonheur réel, on peut facilement dès leur enfance rectifier leurs jugemens avec le ſecours de leurs reflexions ſur leurs propres ſentimens, lorſque ces

fentimens & ces reflexions font fouvent répetées.

Je fai bien, que l'Écolier ignore dans
fon enfance que l'augmentation de fon
bonheur dépende pour la plus grande
partie de l'atention, qu'il aura à diminuer les maux & a augmenter les
biens de ceux avec qui il vivra par
l'obfervation de la juftice, envers les
uns & par la pratique de la bienfaizance envers les autres; mais c'eft à
cette ignorance, que la bone Education fuplée & doit fupléer par les bones habitudes, que fes maitres lui doneront.

I I.

AUgmenter le bonheur de l'Ecolier
c'eft augmenter le nombre, & la
grandeur de fes biens, & diminuer le
nombre, & la grandeur de fes maux,
non feulement par raport a la vie prefente, mais encore par raport a la vie
future, pour laquelle il s'agit d'aquerir en cette premiere viele plus de feu-
reté qu'il eft poffible, d'éviter une feconde vie très malheureufe; & d'en
obtenir une trèz-heureufe; voila ce qui

regarde le bonheur perfonel de l'Ecolier.

III.

A L'égard de l'augmentation du bonheur des parens & des autres Citoiens, qui peut venir des bones habitudes, que l'Enfant peut prendre dans le Colege, cela ne regarde ordinairement que le bonheur de leur vie prefente, mais par la grande bonté du Créateur, il arive que les habitudes à l'obfervation de la Juftice, & à la pratique de la bienfaizance le tout dans la crainte de déplaire à l'être fouverainement jufte, & dans le defir de plaire à l'être fouverainement bienfaizant, font en même tems les meilleurs moiens de contribuer à l'augmentation du bonheur des parens, & des Citoiens, & les moiens les plus propres pour affurer à l'Enfant même la premiere vie beaucoup plus tranquile & plus heureufe, & la feconde vie remplie de delices d'une durée infinie.

Cette verité, qu'il y a une feconde vie pour punir les injuftes, & pour récompenfer les bienfaizans, doit mèttre une diference prefque totale dans toute

la conduite des hommes ; & par consequent dans leur éducation ; de la il
suit nécéssairement que dans leur premiere jeunesse , & dans le reste de leur
premiere vie, ils n'ont rien de plus
important & de plus pressé à faire que
d'aquerir des habitudes aux Euvres les
plus vertueuzes , pour s'assurer de plus
en plus la beatitude de la seconde vie.

C'est particulierement depuis la publication de l'Evangile que cette verité
s'est repandüe , mais la raizon humaine , qui la démontre à quelques hommes d'un ésprit cultivé & superieur ,
n'étant pas encore asséz eclairée dans
notre siecle pour le commun des autres hommes , & sur tout dans les enfans pour leur faire sentir cette sublime
me verité , comme *démonstration* , ils peuvent avec le secours de la foi succer cette verité comme on dit avec le laict en
atendant qu'ils puissent la voir avec e-
vidance , comme bien démontrée avec le
progrez des raizonemens concluans ,
c'est-à-dire avec le secours de la raizon
fortifiée & perfectionée.

Quintilien celebre Romain , qui nous
a laissé des observations si raizonables
sur l'Education des Enfans , n'avoit

point encore decouvert, que ce qu'il y
avoit de plus important dans l'Education des Enfans etoit de leur aprendre
à être juſtes & bienfaizans pour plaire
à Dieu, & pour en obtenir la vie éternelle ; il ne connoiſſoit point cette verité des deux vies, ou du moins il ecri-
voit comme s'il ne l'eut point coniie ;
la raizon humaine n'étoit pas encore
aſſèz eclairée de ſon tems pour la lui
faire apercevoir, ainſi il n'eſt pas éto-
nant, qu'il n'en ait pas tiré pour l'E-
ducation des Enfans toutes les conſe-
quences importantes, que nous en devons tirer, nous, dont la raizon eſt
deveniie, depuis ce tems-là beaucoup
plus éclairée, témoin les nouvelles démonſtrations de l'Exiſtence de Dieu, &
de ſes perfections ; témoins les demon-
ſtrations de l'immortalité de l'ame, &
de *l'indeſtructibilité* de la matiere, démonſtrations qui comencent à devenir communes à ceux qui font uzajé
de leur raizonement, & que l'on peut
faire ſentir peu à peu, & très fortement aux jeunes Etudians, ſi l'on s'y
prend de bone heure ; & lorſqu'ils comencent a diſtinguer les raizonemens
ſolides & concluans des raizonemens
frivoles & inconſèquens.

Les hommes senſéz, qui ont un peu
medité ſur cette matiere, en vienent
bientot au poinct d'évidence, qu'il leur
paroit impoſſible que le monde puiſſe
exiſter, s'il n'exiſte en même tems une
intelligence infiniment puiſſante, infiniment ſage, infiniment bienfaizante, infiniment juſte il leur paroit impoſſible, que cet être exiſte ſi juſte, & ſi
bienfaizant, s'il n'a deſtiné une vie
malheureuſe à certains hommes, qui é-
tant néz avec une ame inmortelle de-
vienent heureux dans cette vie par leurs
ſélératèſſes, par leurs mechancetéz, &
par leurs autres injuſtices, & s'il n'a
deſtiné une vie très heureuſe aux gens
de bien néz inmortels, qui ſouſrent
en cette vie, & ſouvent pour la verité, pour la juſtice & pour la bienfaizance même.

I V.

MAis il faut avoüer, que ces deux
veritéz ſur l'Enfer & ſur le Paradis n'ont été bien dévelopées que depuis le Chriſtianiſme; qu'avant ce tems-
là les opinions des Grecs & des Romains ſur les Enfers, & ſur les Chams

Elizées , n'étoient que des opinions foibles & chancelantes , qui n'influoient prèfque point dans la conduite de leur premiere vie , & que les hommes du commun n'ont proprement comencé à en tirer un grand nombre de conféquences très raizonables pour la conduite de la vie prefente , & pour imiter les perfections divines par l'obfervation de la Juftice , & par la pratique de la bienfaizance , que depuis l'Incarnation du fils de Dieu , & la publication de fon Evangile.

V.

NOs loix civiles ne font pas encore arivées au poinct de faire toujours punir fufizanment tous ceux qui comètent des injuftices , & de faire toujours recompenfer fufizanment toutes les bones actions dèz cette vie , mais heureuzement le Chriftianifme eft venu fupléer au defaut des loix humaines , & nous a fait fentir qu'il étoit impoffible , que Dieu jufte , comme il eft, laiffât des crimes impunis & de bones actions fans recompenfe , & qu'ainfi il étoit impoffible , qu'il ne preparât pas une seconde vie très malheureuze pour les injustes, & très heureuse pour ceux qui ont passé leur vie dans l'observation de la justice, & dans la pratique de la bienfaizance. Or il est certain, que la crainte de la punition & l'esperance de la recompense éternelle sont deux nouveaux ressorts très forts, deux puissans mobiles pour porter les hommes à éviter les vices, & à pratiquer les vertus, particulierement si ces habitudes de crainte & d'esperance, qui sont les principales bazes de toute Religion, sont continuellement fortifiées dez la premiere Jeunesse par des exercices journaliers, durant tout le cours d'une longue Education.

CHAPITRE II.

Moiens pour procurer la bone Education.

MOIEN GENERAL,

Habitude à la Prudence Crétiene.

LE tems de l'Education est proprement le tems de la vie destiné à depoüiller les enfans de leurs mauvai-

zes habitudes & à leur en faire aquerir de bones ; or l'aquifition des bones
détruit les mauvaizes.

Les habitudes, les coutumes c'eft ce
que les Latins apeloient *Mores*, les
mœurs, & il eft de la derniere importance pour le bonheur de l'Enfant, &
de ceux avec qui il doit vivre de lui
doner dans fon enfance de bones mœurs,
de bones habitudes ; or les bones font
celles, qui ne nuizent à perfone, &
qui font plaifir aux autres, *Abftine à
malo & fac bonum.*

A force de voir tantot par notre experience, tantot par l'experience des
autres, tantot par nos reflexions, tantot par nos lectures, à force de voir
les grands maux futurs atachés à l'injuftice, il fe forme en nous une habitude
de fentiment de crainte falutaire, qui
nous done une averfion habituelle, pour
tout ce qui fent l'injuftice.

Enfuite cette averfion habituelle nous
done un difcernement fin pour reconoitre, & pour fentir en toute ocazion les
plus petites & les plus delicates injuftices, & c'eft ainfi, que le cœur augmente la penetration de l'efprit, en lui
donant une plus forte aplication fur

certains objets, après que l'esprit a comencé à ébranler le cœur & à le mètre en mouvement par de simples reflexions.

Mais fans une longue habitude à fe reprefenter les motifs de crainte, fans l'habitude à reconoitre les plus petites injuftices, l'illuzion des paffions & de notre amour propre mal entendu, & la force des mauvais exemples l'emporteront toujours fur les lumieres de la raizon, notre efprit s'ocupera a juftifier nos injuftices, & c'eft ainfi que le cœur feduit l'efprit quand il n'eft pas foutenu par une longue & anciene habitude d'une crainte falutaire, qui rapelle à fon fecours de puiffans motifs capables de furmonter la force d'une paffion naiffante.

Nos entreprifes & prefque toutes nos actions font des effets de nos habitudes & elles font bones ou mauvaizes, à proportion que nos habitudes font bones ou mauvaizes; prefque tout eft habitude en nous, nos prejugèz font forts, nos opinions, nos maximes nous paroiffent certaines à proportion, qu'elles ont été foutenües, & depuis lontems repetées; notre memoire elle mê-

me n'eſt forte & exacte, qu'à proportion de la grande repetition, que
nous faizons ou des faits, ou des raizonemens que nous retenons.

C'eſt avec le ſecours de l'habitude,
que nous aprenons les arts, les ſciences, les langues; & ſi l'on ne m'avoit
ſouvent & lontems fait repeter & fait
pratiquer les regles de la Grammaire
latine, je les aurois oubliez bientot a-
près les avoir conües.

On ne peut pas dire, que ce ne ſoit
une bonne habitude qu'une grande connoiſſance de la langue latine; mais ſi
pour avoir cette grande conoiſſance,
il eſt neceſſaire d'y emploïer un tems,
qui ſeroit incomparablement mieux emploié à aquerir une grande habitude à
l'obſervation de la Juſtice, ceux, qui
préſident a l'Education font un très
mauvais choix d'employer dix fois trop
de tems à nous rendre ſavans dans la
langue latine, & d'en employer dix fois
trop peu à nous doner une grande habitude à la juſtice.

Pourquoi nous, qui avons étudié la
langue latine, ſommes nous preſque
ſeurs qu'en parlant ou en écrivant nous
ne pecherons, préſque jamais contre u-

ne des regles de Grammaire latine ; *le verbe actif doit gouverner l'acufatif?* C'eft que durant huit ou neuf ans d'Education dans le Colege nous avons vû cette regle obfervée dans nos écrits, dans les écrits des autres, en lizant nous mêmes, en parlant, en écoutant parler les autres, & cela tous les jours dix fois, vint fois par jour, c'eft que nous avons été punis, & que nous avons vû d'autres enfans punis pour ne l'avoir pas obfervée ; nous l'obfervons prefentement prefque fans y penfer ; telle eft la force d'une longue & frequente habitude, qui ne s'aquiert que par un nombre prodigieux de repetitions.

Quelle concluzion tirer de là, c'eft que fi l'on exerçoit les enfans tous les jours dix fois, vint fois par jour, à pratiquer la grande regle de morale, *Ne faites jamais contre un autre, de peur de déplaire à Dieu, ce que vous ne voudriez pas qu'il fit contre vous, fupofé que vous fuffiez à fa place, & qu'il fut a la vôtre.* Je dis qu'avec le fecours de cet exercice frequent dans chaque journée durant huit ou neuf ans, en diférentes rencontres nous obferverions le refte de notre vie dix fois, vint fois plus par jour, cette re-

gle de morale que nous ne l'obſervons
envers nos parens, envers nos enfans,
envers nos domeſtiques, envers nos voiſins, & envers nos autres citoiens, tant
dans nos actions, que dans nos paroles, & il ariveroit, que nous jugerions
toujours ſans hezites qu'il y a beaucoup
plus à gagner à tout prendre ſoit pour
la premiere vie ſoit pour la ſeconde à
l'obſerver qu'à ne la pas obſerver.

On ne ſe contente pas de nous repeter la regle de Grammaire, on nous
la fait pratiquer tous les jours pluſieurs
fois ; mais pour la regle de la juſtice,
on ſe contente de nous la dire quelquefois.

D'où vient que nous ſommes ſi clair-
voians, & ſi en garde contre un ſo-
leciſme au ſortir du Colege, & que
nous comètons tant de grandes & de
petites injuſtices, preſque ſans nous en
apercevoir, & ſans ſonger à les reparer ni à nous en coriger ? il eſt facile de
voir, que cela vient de notre mauvaize Education, parceque nos maitres
ont trop doné de temps à former en
nous des habitudes d'un très petit prix
& trop peu de tems à former en
nous des habitudes de la plus grande
importance.

Entre les habitudes, que l'on doit aquerir dans le Colege il y en a une generale : & quatre particulieres, qui font comme les principales parties de l'habitude generale qui eft la *prudence crétiene.*

L'Ecolier fera plus hureux à proportion qu'il aura aquis dans le Colege plus d'habitude à la prudence crétiéne ; or céte vértu confifte à examiner les biens & les maux, que peuvent produire telles ou telles actions telles paroles, telles ou telles entreprizes, telles ou telles omiffions, tels ou tels talens, ce qui regarde non feulement les biens & les maus de la premiere, mais encore ceux de la feconde vie.

A proportion qu'il aura aquis plus d'habitude à confulter, à comparer, à balancer, à pezer, à examiner le *pour* & le *contre* des parts opozés, qui font à choizir avant que de rien rezoudre, avant que de decider, & de prendre aucun parti, il fera plus prudent ; or comencer à pratiquer l'*Examen*, la fufpenfion, la confultation avant toute decizion, c'eft le comencement de la prudence.

Ainfi bien difcerner entre les biens & les maux, ceux qui font les plus

grands, les plus durables, & qui doivent être les fuites de telles ou telles
actions, de telles ou telles entreprifes,
c'eft le but de la prudence.

Elle acoutume à remarquer par des
reflexions fur les Experiences faites fur
nous, & fur les autres, qu'il y a de
petits plaizirs, qui coutent trop cher
par les grands maux, qui en font infe-
parables.

Elle acoutume à remarquer par des
reflexions foit fur nos propres Experiences foit fur les Experiences des autres, qu'il y a de petits maux, qu'il
faut foufrir pour aquerir des biens incomparablement plus grands.

Elle acoutume à mezurer avec quelque exactitude les biens & les maux a-
venir & à conoitre les molens d'aquerir les uns & d'eviter les autres.

Entre les plaifirs où l'homme eft fenfible, entre les biens qu'il peut aquerir on doit conter la diftinction entre
fes pareils, l'eftime diftinguée, la confideration diftinguée ; mais comme les
qualitez, qui donent de la diftinction
font plus ou moins utiles aux autres,
plus ou moins vertueuzes, plus ou moins
loüables, c'eft à la prudence à faire dif-

cerner

cerner aux hommes les diftinctions, qui
font les plus precieuzes des moins pre-
cieufes, c'eft à elle à leur enfeigner
de combien les unes font plus eftimables que les autres.

La prudence eft ce que l'on nome
Sajeffe, bon Efprit, conoiffance de fon
plus grand interèt, c'eft de toutes les
conoiffances la plus importante. Les
très prudens font très rares.

On eft temperant, jufte, bienfaizant,
apliqué, laborieux par prudence, ainfi
la pratique de la temperance, ou la
moderation dans les plaifirs prefens pour
n'en pas payer trop cher les excès eft u-
ne partie de la prudence.

L'habitude à la prudence fert à l'home par diverfes reflexions devenües fa-
milieres à diminuer les illuzions des paffions, qui nous font paroitre certains
biens & certains maux les uns beaucoup
plus grans & plus longs, les autres
beaucoup plus petits & plus courts
qu'ils ne font en effet, & ces erreurs &
ces illuzions nous engagent par confequent a choizir des partis très-impru-
dens, qui vont contre notre but, puifqu'ils augmentent fort nos maux & diminuent fort nos biens.

CHAPITRE III.

SECOND MOIEN

Habitude a la Justice.

L'Ecolier fera plus hureux, lui, fes parens, & fes citoiens à proportion qu'il aura aquis plus d'habitude a juger que, l'obfervation de la juftice eft incomparablement plus avantageuze que la pratique de l'injuftice; or qui ne voit que l'obfervation exacte & generale de la juftice dans tous les citoiens eft le fond du bonheur de toute focieté dezirable.

Il y a deux motifs pour pratiquer cette premiere regle de l'équité, 1o. La crainte des punitions temporéles d'être meprizé, d'être hai, &c. 2o. La crainte de déplaire à Dieu, & des punitions éternélles, tous motifs de prudence propofés à l'home par la providence du Createur pour le détourner de l'injuftice.

Ces motifs, ces reffurts de nos actions fe fortifieront par l'uzaje frequent & journalier que l'on en fera faire à l'Ecolier durant les anées de fon Education, & par les peintures vives & frequentes des malheurs des injuftes.

CHAPITRE IV.

Troifième Moien.

Habitude à la Bienfaizance.

PLus les enfans aquiereront au College d'habitude à pratiquer la bienfaizance, plus ils feront hureux le refte de leur vie, & ils feront plus propres à contribuer au bonheur de ceux avec qui ils auront à vivre, ce qui eft le but de la bône Education, voici la regle : *Faites du bien aux autres, comme vous voudriez qu'ils vous en fiffent fupofé que vous fuffiés à leur place, & qu'ils fuffent à la vôtre.*

Il y a deux motifs pour pratiquer cette regle. 1o. Le dezir des recompenfes temporelles d'être plus eftimé, plus aimé, plus deziré que les autres

&c. 20. Le defir de plaire à Dieu, &
d'obtenir des recompenfes immenfes &
éternelles, tous motifs de prudence, &
de vrai interêt ; ces motifs fe fortifieront à proportion du nombre des actes
repetés de bienfaizance, à proportion que
ces bones actions feront loüées, & à
proportion que les Regens peindront
vivement & fouvent aux Ecoliers les recompenfes magnifiques de la feconde
vie.

Les difcours de politeffe, les actions
de liberalité, & fur tout de patience,
& de pardon des injures font les principales branches de la bienfaizance.

CHAPITRE V.

Quatrieme Moien,

Habitude au difcernement de la Verité.

LE bonheur de l'Ecolier, de fa famille & de fa patrie augmentera
à proportion qu'il aura aquis plus d'habitude à bien difcerner la verité, ce

qui peut se faire en quatre manieres :

1°. Habitude à discerner les realités des imaginations.

Le discernement poura s'aquerir par diferentes comparaizons des chozes existantes aux choses purement possibles ou imaginaires.

2°. Habitude à discerner dans les propositions la certitude qui vient de l'évidence de la certitude, qui vient de l'habitude à juger dèz l'enfance de la même maniere, & de l'exemple de ceux qui nous environent.

Ce discernement se facilitera 1°. par des comparaizons frequentes avec des principes ou propositions évidentes par elles mêmes ou du moins evidament & inseparablement liées avec d'autres propositions évidentes par elles mêmes. 2°. par montrer la force du prejugé de l'Education, & de l'exemple dans les fausses religions, qui donent de la certitude, & une grande certitude à des propositions, qui n'ont nule évidence, & dont l'erreur est même Evidente.

3°. Habitude à la justesse du raizonnement, c'est-a-dire à juger surement, que la consequence est evidenment liée avec le principe.

Pour lui doner cette habitude, il faut lui faire souvent comparer les raisonemens faux & inconsequens avec des raizonemens dont la consequence est évidente.

4°. Habitude à discerner les diferens dégrés de vraisemblance dans les propositions qui ne sont pas susceptibles d'une entiere certitude.

Pour cet effet il faut de frequentes comparaizons entre proposition évidente & proposition obscure, entre mauvais raizonemens & demonstration, entre opinion plus & moins vraisemblable.

CHAPITRE VI.

Cinquieme Moien.

Memoire exercée utilement ou habitude à retenir des faits, des maximes, & des demonstrations dont la connoissance est importante au bonheur.

CEs Ecoliers augmenteront leur bonheur, celui de leurs parens, & de leurs autres Concitoiens à mezure que durant leur Education ils auront exercé plus utilement leur memoire & aquis par leur aplication & par des frequentes repetitions une conoiſſance durable & habituelle, c'eſt-à-dire une memoire exacte d'un plus grand nombre de faits importans, de propoſitions, de raizonemens & de maximes propres à leur faire aquerir un jour avec plus de facilité les *talens* nècéſſaires pour mieux exercer leurs diferentes profeſſions, ſoit dans les emplois publiqs, ſoit dans la vie privée pour augmenter leur propre felicité, & la felicité de leur famille & de leur patrie.

R E F L E X I O N.

La juſtice, moyen plus important que la bienfaizance.

La bienfaizance, moyen plus important, que la juſteſſe d'eſprit.

Juſteſſe d'eſprit, moyen plus important que les talens d'une grande memoire utilement cultivée.

CHAPITRE VII

Obſervations generales

Sur les quatre principales Habitudes.

LA Juſtice & la Bienfaizance embraçent tout ce qui peut comencer à perfectioner le cœur ou les ſentimens ; la Juſteſſe de raizonement & la memoire embraſſent tout ce qui peut comencer à perfectioner l'Eſprit.

Nous entendons ici par le cœur de l'homme tout motif, tout ſentiment, tout reſſort qui le fait agir : il y en a quatre.

1º. Le ſentiment de plaiſir actuel ſoit corporel, ſoit ſpirituel, que l'on deſire de faire durer.

2º. Le ſentiment de douleur actuelle ſoit corporelle, ſoit ſpirituelle, que l'on dezire de faire ceſſer.

3º. Le dezir ou eſperance d'un plaiſir avenir que l'on veut obtenir, eſperance, qui eſt elle même un plaiſir actuel.

4º.

4°. La crainte d'une douleur avenir
que l'on veut éviter, qui eſt elle même un ſentiment dèzagréable & une
douleur actuelle.

Il faut obſerver, que la ceſſation
ſubite de la grande douleur eſt un grand
plaiſir, & peut être le plus grand des
plaiſirs, il y a même des Filoſofes, qui
croient qu'il n'y a point d'autre plaiſir poſitif, que celui qui vient d'une
ceſſation de peine & de douleur, mais
cela ne me paroit pas exactement vrai.

L'experience nous aprend, qu'il y a
dans cette vie de grands maux avenir atachés à de petits plaiſirs actuels,
& de grans biens avenir atachez à de
petits maux actuels, voilà ce que les
enfans ne ſavent pas faute d'experience,
voila les erreurs principales, dont il
faut les garantir par des reflexions, qu'on
leur fera faire pour augmenter leur prudence.

Il n'y a perſone, qui ne ſache d'un
coté que ceux qui ont aquis une grande & longue habitude à la prudence,
à la moderation dans les plaiſirs,
à la temperance, une grande habitude à l'obſervation de la premiere regle
d'équité & à la pratique de la bienfai-

zance, & fur tout à la patience & au pardon des injures, qui fait une partie principale de la bienfaizance, n'ayent de grans avantages pour la conduite de la vie fur ceux, qui n'ont point aquis de pareilles habitudes.

D'un autre côté tout le monde convient, que l'âge où il eft le plus facile de faire prendre aux hommes de bones habitudes, c'eft le tems de l'enfence & de la jeuneffe, parceque alors leurs mauvaizes habitudes ne font pas encore trop fortes, ils reffemblent aux jeunes plantes, qu'il eft facile de redreffer, quand elles ne font que comencer à fe courber dans la pepiniére.

Ce n'eft pas qu'il n'y ait de jeunes arbres tellement difpoféz à la courbure, & d'une nature fi forte que tout l'art du jardinier ne peut empêcher de venir courbés, mais ils le feroient devenus encore plus fi le jardinier n'en avoit pris aucun foin ; or fouvent le precepteur n'a comencé à coriger fon Ecolier, que lorfqu'il étoit dans un âge déja trop avancé, car il y a certains enfans, qui de bone heure font comme certains arbres trop fermes & trop reziftans.

Ce que je veux infinuer par la com-

paraizon des arbres du jardinier & de
fa pepiniére, c'eft que le redreffement
des enfans dans les Coleges doit fe faire également par dégrés infenfibles,
mais de bone heure & par des exercices journaliers, car ce fera de la répetition de ces exercices durant huit ou
dix anées, que l'on poura àtendre la
formation des fortes habitudes, que
l'homme gardera le refte de fa vie.

Qu'eft ce donq que les Ecoliers vont
faire d'ans les Coleges ? Ils y vont prendre des habitudes de fajeffe, & de vertu pour augmenter la droiture du cœur,
ils y vont prendre des habitudes d'a-
plication & d'atention, pour augmenter la force & la jufteffe de l'éfprit, &
pour exercer leur mémoire fur les connoiffances les plus utiles.

Ces cinq moyens principaux font
pour ainfi dire eux-mêmes cinq autres
fins fubordonées & particuliéres, où
l'on fe propofe d'ariver dans l'Education publique pour obtenir la fin générale & fupérieure, qui eft la grande
augmentation du bonheur de l'enfant,
de fes parens & de la patrie.

Nous alons les expliquer féparement
dans le refte des Chapitres de cette pre-

miére partie, on mezurera plus facilement l'importance de chacun d'eux, &
quand l'on en aura mezuré la diférence importante, les Maîtres se détermi-
neront plus facilement & plus surement à former des statuts propres à faire mettre plus de tems aux exercices
les plus importans, & par conséquent,
moins de tems à faire aquerir aux enfans, les habitudes les moins importantes ; & ce sera cette proportion, qui
métra toûjours une grande diférence
entre la bone & la mauvaize, & entre la médiocre & l'excelente Education.

CHAPITRE VIII.

Explication du premier Moyen géneral.

Habitude à la Prudence Crètiéne.

TOutes les habitudes bones & mauvaizes comencent dans l'enfance,
se fortifient durant la jeunesse, & gouvernent ensuite les hommes dans le
cours de leur vie, les uns bien selon

la raizon & leurs interêts réels & vé-
ritables, les autres mal felon les accéz
de leurs paffions & de leur folie, contre leurs interêts réels, mais felon leurs
interêts aparens tels que les leur répré-
fentent leurs paffions.

Il femble, que dans l'enfance on ne
puiffe rencontrer que de l'imprudence,
à cauze du défaut d'experience des
chofes qui produifent le plus de plaizir ou de douleur, & faute de conoître tant par l'experience que par la ré-
fléxion, quels font les plaifirs, & les
maux les plus durables, cependant ils
ne font pas tout à fait incapables de
faire des réfléxions & des comparaizons
tant fur leurs propres experiences, que
fur les experiences de leurs camarades,
qui font hureux ou malhureux, joyeux
ou foufrans, ils ne font pas même
incapables de recevoir les craintes qu'on
veut leur infpirer, quand les maux leur
font peints vivement, & quand ils ont
confiance à celui qui leur parle, ainfi ils ne font pas entiérement incapables de tout examen, de toute deliberation & de fufpendre quelquefois leurs
rézolutions.

Or c'eft particuliérement dans l'habitude à la suspension, dans l'habitude à l'éxamen, dans l'habitude à la deliberation, à la consultation, dans l'habitude à comparer les biens & les maux, atachez aux partis oposéz, que consiste l'habitude à la prudence, comme c'est dans l'habitude à la non suspension, au non examen, à la non comparaizon, que consiste l'habitude à l'imprudence.

Ceux, qui ont plus de sensibilité, ont moins de facilité, à suspendre leur résolution, & à examiner le bon & le mauvais des deux partis oposéz, ils sont pour ainsi dire, emportés par la grandeur & par la force de leur sentiment, leur ame en est toute ocupée, il ne leur reste aucune place pour aucun sentiment, ou de crainte, ou de dézir, qui puisse les forcer à examiner la grandeur ou des maux on des biens, qui suivront de telle rézolution, ainsi plus l'enfant a de sensibilité au dessus de son camarade, plus il a de disposition à l'imprudence.

Les Fiziciens disent, que cette sensibilité est grande, à proportion, que les fibres des membranes sont plus ou moins tenduës dans les uns que dans les autres, & éfectivément dans les parties du corps, où il y a tumeur & plus de tenſion dans les membranes, il y auſſi plus de ſenſibilité.

Ce n'eſt pas que ces caractéres ſi ſenſibles ne puiſſent aquerir quelques dégrèz de prudence, mais toutes choſes égales, ils n'en aquiereront jamais, tant que les caractéres médiocrement ſenſibles, car pour les caractéres trop peu ſenſibles & prèſque ſtupides, il ne faut en atendre ni talens ni vertus.

Les caractéres très ſenſibles ont une imagination plus vive, plus abondante, ils content mieux, ils ſont pour l'ordinaire les plus agréables dans le comerce de la vie quand ils veulent plaire, & les plus dèzagréables, quand ils veulent déplaire, & toûjours les plus imprudens & les moins capables de doner, & ſur tout de recevoir de bons conſeils.

La paſſion eſt une éſpèce de fievre de ſentiment ; or il y a dans les fievres des açcéz plus forts les uns que les autres, & plus dans certains hommes que dans les autres.

La claſſe des très-ſenſibles n'a que de petits intèrvales de raizon, la claſſe des médiocrement ſenſibles a de plus longs intervales de raizon, où ils peuvent faire uzaje de l'éxamen.

Dans l'âge meur depuis 30. ans jufqu'à 50. le même homme a les intervales de fenfibilité plus courts, & les intervales de raizon plus longs, qu'il n'avoit à 15. ans ; de là on peut conclure que notre raizon ne croift guères qu'à proportion que notre fenfibilité diminuë.

La prudence dans l'Ecolier peut s'éxercer par les réflexions qu'on lui fait faire fur des maux, que lui caufent les chofes malfaines, qu'il a manjées avec plaifir, où les chozes faines qu'il a manjées avec excès, les excès dans fes amufemens, les excés dans l'application, les maux, que produizent foit à lui, foit à fes camarades, les impatiences, les réponfes aigres, brufques, inpolies, la pareffe, &c. Or plus le Regent émploye de tems par jour à ces exercices, plus il augmente dans fes Ecoliers leur habitude à la prudence.

La modération dans les plaifirs, dans les dézirs, la juftice, la politeffe, la prévenance, la liberalité, la patience dans les injures, l'habitude à raizoner jufte, l'habitude à orner fa memoire des chozes utiles, toutes les vertus & tous les talens, peuvent-être regardez comme les enfans, ou comme des effets de la prudence ou de l'amour propre bien entendu, parceque toutes les vertus & tous les talens fervent à diminuer nos maux, & à augmenter nos biens pour cette vie, & à nous affurer le bonheur de la vie future.

La prudence, c'eft-à-dire, la connoiffance de nos interêts rèels, & de nos plus grans interêts nous infpire la crainte falutaire des tourmens éternels, & le dézir vif des délices du Paradis, & comme cette prudence des enfans de Dieu, que nous devons, ou à une raizon trèséclairée, ou à la foi habituelle, nous enfeigne que le meilleur moien pour obtenir le Paradis c'eft d'être camarade jufte & bienfaizant, fils jufte & bienfaizant, pere jufte & bienfaizant, mari jufte & bienfaizant, voifin jufte & bienfaizant, citoien jufte & bienfaizant pour plaire à Dieu, il fe trouvera toûjours que les hommes les plus dèzirables dans la focieté feront les plus prudens, & les plus feurs d'obtenir le bonheur éternel, la prudence, qui agit pour éviter les maux, & obtenir les

biens de la seconde vie eſt proprement
la prudence crètiéne, & la prudence
la plus éſtimable.

Il faudra faire remarquer à l'Ecolier
l'état, où la colere met un homme en
lui ôtant pour le moment toute ſorte
de raizon & de prudence, toute faculté de bien juger, de bien examiner,
& on lui montrera le plus ſouvent que
l'on poura, cette ſituation d'éſprit, cet
état dans lui-même, & dans les autres
comme dans un miroir, on lui fera ſentir que c'eſt une fievre & une folie paſſajére, dans les accèz de laquelle, il
faut bien ſe garder de prendre des réſolutions, on lui fera faire la comparaizon de cet état à l'état calme &
moderé, dans lequel on écoute avec
plaiſir la raizon, c'eſt-à-dire ſes intеrêts.

Il eſt certain, que ces réfléxions que
l'on fait faire aux enfans, ne leur font
pas grande impreſſion, quand elles ne
ſont pas aſſez frequentes, & quand on
ne leur montre pas d'enfans ou d'autres
perſonnes en colere, mais il eſt certain,
que quand elles ſont repetées tous les
jours, & que quand on leur expoſe
ſouvent devant les yeux quelque hom-

me, quelque enfant emporté, & pour ainſi dire, ivré de colere, & qui a perdu l'uzaje de la raizon, quelque autre enfant malade puni de quelque excès d'intemperance, où il s'eſt jetté, on a augmenté peu à peu leur habitude à la prudence, ces miroirs de colere leur manquent quelquefois, mais ils leur manquent bien moins que les frequentes réflexions ſur ces miroirs, chacun à ſon tour devient miroir pour ſon camarade.

J'aprouve fort la métode des anciens Lacédémoniens, qui montroient à leurs enfans un éſclave ivre pour l'expoſer ainſi à leurs moqueries & à leurs mépris, il faudroit leur expoſer devant les yeux des gens de la lie du peuple ivres de colere, pareils ſpectacles ſeroient incomparablement plus inſtructifs, que les plus belles leſſons de morale ſur la colere & ſur l'ivrognerie.

Si quelqu'un meurt de quelque maladie cauzée par quelque excès, par quelque dèsobeïſſance &c. il faut, que tous les Ecoliers le voient mort, & qu'en le voiant le Régent leur faſſe faire réflexion ſur cet excès, & ſur les malheurs, & les enchainémens de malheurs, qui y étoient atachéz, voilà des leçons importantes de prudence, qui font de grandes impreſſions, il ne faut pas les laiſſer échaper ſans que les yeux en conſiderant le mort, ayent le loiſir de contribuer à graver profondement dans l'imagination les grans malheurs joints à l'imprudence, à l'intemperance, à l'impatience &c. afin qu'il ſe forme en eux une averſion habituelle pour ces vices.

Le principal uzaje de la raizon c'eſt de bien conduire l'homme vers l'augmentation des biens les plus grans & les plus ſolides & vers l'exemtion ou la diminution des maux les plus grans, & les plus durables; or cet uzaje de la raizon eſt perdu dans l'intervale de la fievre & de l'enivrement de la paſſion, ſouvent un petit plaiſir paſſajer nous cauze une grande & longue douleur, ſouvent une petite peine paſſajere nous cauzeroit un plaiſir grand & durable, où l'exemtion d'un très grand malheur; or on ne ſauroit rien voir de tout cela tant que dure la paſſion.

Le Regent, le Precepteur, qui peut punir l'Ecolier, qui ne fait pas ce qu'il lui a preſcrit doit pourtant autant qu'il

eſt poſſible, lui faire ſentir la raizon du
precepte ou du comandement; cela ne
ſe peut faire que peu à peu & avec
des repetitions, mais il ne pert pas ſon
tems, parceque chaque Ecoliér poura
s'açoutumer à croire qu'il eſt de ſon
interêt d'obéïr pourſon bonheur à venir, & de faire telle choſe qui lui eſt
comandée, ou de s'abſtenir de telle autre, qui lui eſt defendüe; ainſi il ſe conduira peu à peu par les regles de la
prudence, qui veut que l'on travaille
avec peine dans l'enfance, & dans la
premiere jeuneſſe pour récüeillir abon-
dament des ſatisfactions & des plaiſirs
dans le cours de la vie.

L'Education eſt proprement la ſai-
zon où l'home ſeime pour le reſte de la
vie; s'il ne ſeme rien que de mauvais
grain, s'il ne prend que de mauvaizes
habitudes, il ne recüeillera que des
chagrins, & malheur à lui & à ceux avec
qui il aura à vivre, ſi ſes Regens ont
ſemé en lui & fortifié de bones habitudes, & ſur tout l'habitude à ſoufrir
ſans ſe plaindre, ſans murmurer, ſans
dézir de venjence, il ſera ſujet à beaucoup moins de malheurs, & hureux
ceux avec qui il ſera en comerce.

Ainſi pour rendre aux enfans le tems de leur Education plus ſuportable & même agréable, il eſt à propos de leur montrer ſouvent, que quand ils ſeroient les maîtres de choiſir leurs ocupations & leur maniere de vivre, s'ils étoient prudens, & s'ils conoiſſoient leurs interêts réels, s'ils vouloient ſe rendre la vie préſente d'un côté moins malhureuze, & de l'autre plus hureuze, & obtenir le Paradis dans la ſeconde vie, ils devroient par prudence choizir les mêmes exercices, qui leur ſont comandés, & où ils s'ocupent tous les jours ; & quoique la plupart ne s'en ocupent d'abord que par la crainte de la punition, il eſt certain, que l'opinion qu'ils prendront peu à peu dans la ſuite, qu'ils ne ſauroient rien faire de plus avantajeux pour leur bonheur, leur fera faire leurs exercices incomparablement mieux, & avec plus de plaiſir que lorſqu'ils ne les font que pour obéir & par la crainte de la punition, & c'eſt augmenter ainſi en même tems leur bonheur preſent, & leur raiſon preſente.

Pour leur faire aimer leur Etat, il eſt bon de leur peindre de tems en tems les avantages, qu'ils trouveront au ſor-

tir du Colege fur leurs pareils, qui n'auront pas eu le bonheur d'avoir une E-
ducation reglée & fuivie, & qui feront devenus inapliquéz, pareffeux, fans
talens, impatiens, faineans, mépriféz,
& méprizables.

Il faut leur faire faire fouvent atten-
tion que les plus pareffeux, les plus dèz-
obéiffans, les plus inapliquéz, les plus
impatiens d'entre leurs camarades font
les plus imprudens, & par conféquent
les plus malhureux, ainfi il faut leur
faire remarquer précieuzement tous les
exemples dés maux, que produit l'imprudence, ou plûtot leur faire remarquer qu'elle eft la cauze de la plûpart des maux de la vie.

La prudence ne regarde que l'augmentation du bonheur du prudent, la
bienfaizance regarde l'augmentation du
bonheur des autres, & voilà pourquoi
cette vertu eft digne de loüanges, parceque le bienfaizant donant plus quil
ne doit, demandant moins qu'on ne
lui doit merite une récompenfe; or d'un
côté la réconoiffance publique de celui
qui réçoit le bienfait, & de l'autre les
loüanges de la párt de ceux qui en font
lés témoins, font une partie de cette
récompenfe.

Il n'y a proprement que le bienfaizant de loüable ou du moins c'eſt lúi,
qui eſt le plus digne de loüange, car
quelle réconoiſſance, quelle loüange
pouroit on devoir à celui qui n'agit
que pour lui-même pour augmenter le
nombre de ſes plaiſirs & qui par les ſuccès de ſes entreprizes ſe paye, pour
ainſi dire, par ſes mains des peines
qu'il a prizes.

Après les plaiſirs des ſens ce ſont les
plaizirs de la gloire & de la diſtinction entre ſes pareils, qui contribuent
le plus à augmenter le bonheur de
l'homme.

Après les douleurs des ſens ce ſont
les douleurs & les chagrins de la honte
& des diſtinctions méprizantes entre
pareils, qui contribuent le plus à l'augmentation du malheur.

Mais les hommes ſe tronpent ſouvent
& lourdement en prenant pour diſtinction précieuze, une diſtinction, qui
n'eſt d'aucun prix, ils cherchent à pa-
roître riches, par exemple, au lieu que
dans les richeſſes il n'y a que le bon
uzaje qu'on en fait, qui en ſoit loüable ; ils prenent ſouvent pour des chozes honteuzes, par exemple, la pauvreté,

vreté, il est vrai, qu'elle est incomode & facheuse, mais elle n'est nulement criminelle, nulement honteuze, il n'y a dans la pauvreté que le mauvais uzaje qui en soit honteux.

Or en quoi consiste le bon uzaje des richesses ou d'un grand revenu ? c'est d'être bon aux autres, car un riche, qui ne depense rien pour les autres, ou qui ne depense que pour ses plaisirs ne fait aucun bon uzaje, aucun uzaje loüable de ses revenus ; il n'y a de loüable que ce qui est vertueux, & il n'y a de vertueux, que les euvres de bien-faizance, qui tendent à augmenter les biens, & à diminuer les maux des autres.

Le pauvre, qui soufre sa pauvreté sans murmurer, qui ne fait aucune bassesse pour en sortir, qui est doux, poli, oficieux, qui done du sien à quelqu'un plus pauvre que lui ; celui là fait un bon uzaje de sa pauvreté, & sa pauvreté lui est véritablement glorieuze.

Mais comme ces veritéz sont combatuës par un reste de barbarie & d'ignorance de nos péres, qui ont pris lqtement les grandes richesses, & le

D

grand pouvoir pour quelque chofe de
fort-glorieux, & comme le bas peuple eft encore dans cette erreur pernicieuze, on ne fauroit démontrer ces
veritéz aux enfans en trop de maniéres
& trop fouvent tant par des exemples
que par des réflexions.

Ainfi à eux permis de dézirer les
richeffes & le grand pouvoir, mais qu'ils
fâchent, que s'ils veulent être diftin-
gués avantageuzement entre les riches
& les puiffans ce ne peut-être, qu'à
condition de faire un uzaje loüable de
leurs richeffes & de leur pouvoir, c'eft-
à-dire à condition de multiplier leurs
prefens & leurs bienfaits envers le plus
grand nombre de famille, & des plus
malheureuzes.

Il faut donc que dans l'Education
le Regent s'atache à rectifier tous les
jours les idées des Ecoliers fur la diftinction & à leur faire difcerner avec
juftefle la diftinction la plus précieuze
de la moins précieuze; j'ai parlé ample-
ment de ces diférentes efpéces de diftinctions dans un difcours féparé.

Des maximes, qui y font demon-
trées, il fuit que la prudence, quand
elle n'eft pas bienfaizante, eft à la ve-

rité une chofe fouhaitable pour foi-même, comme le grand revenu, le grand pouvoir, mais que ce n'eft point proprement une vertu digne de nos loüanges, parcequ'il n'y a rien d'eftimable, rien de vertueux, rien de loüable, que le bon uzaje que l'on fait de ces qualitéz foit exterieures foit interieures pour rendre les autres & moins malhureux & plus hureux.

Dieu punit les injuftices de chaque home, où dèz cette premiére vie, felon les regles de la providence, & par le miniftére des autres hommes ofenfés & vindicatifs, ou dans la feconde vie felon les regles de fa juftice.

Dieu récompenfe les bienfaits de chaque homme, ou dèz cète premiere vie felon les regles de fa providence, & par le miniftére des autres hommes reconoiffans, ou dans la feconde vie felon les regles de fa bonté.

Ces deux maximes font certaines & faciles à démonrrer à quiconque, a affez de raizon pour fentir la néceffité de l'exiftance d'un être tout puiffant infiniment faje, jufte & bienfaizant.

Les Regens ne fauroient trop repeter ces deux maximes aux Ecoliers, &

leur en faire voir d'un côté l'obſervation ordinaire par les experiences des
evenemens anciens, & par les experiences des evenemens journaliers, & de
l'autre ils ne ſauroient trop leur en faire ſentir la néceſſité dans l'ordre d'une
providence ſaje & juſte, ſur tout par
raport à la ſeconde vie.

La même prudence qui conſeille d'é-
viter la grande punition, que merite
l'injuſtice, conſeille auſſi de tacher d'obtenir la grande récompenſe, que mérite la bienfaizance.

Il faut de la prudence par tout, &
par conſéquent de la prudence, qui regarde non ſeulement la diminution des
maux, & l'augmentation des biens de
cette vie, mais encore l'exemtion des
maux terribles, & l'aquiſition des biens
immenſes de la ſeconde vie.

L'Ecolier s'acoûtume aſſez & d'aſſez
bone heure, & aſſéz facilement à avoir
pour principe de ſes actions ſon amour
propre, & ſon interêt particulier, mais
ce qu'il doit retirer d'une bone Education c'eſt de perfectioner cet amour propre, & de le rendre plus éclairé, &
par conſéquent vertueux & religieux.

Sur quoi il eſt à propos de remarquer

que la quatriéme habitude pour conoître la verité, & pour bien raizoner,
& la cinquiéme habitude pour aquerir
des talens, ont toutes deux pour but
l'augmentation de notre bonheur & font
aufli deux moiens que la prudence humaine & religieuze de l'Écolier, employe pour augmenter son bonheur en
cette premiére vie, & pour s'aflurer
la felicité de la feconde; car il eft évident
que plus un homme aquiert de talens
utiles aux autres, plus il a de pouvoir d'exercer fa bienfaizance envers fes
citoiens, & cela pour obtenir le Paradis, & pour plaire davantage à Dieu,
qui aime le plus ceux qui lui reffemblent le plus par le grand dèzir de bien
faire, & par le grand nombre & l'importance des bienfaits.

Ainfi l'on peut dire, que la meilleure Education des enfans eft une pratique perpetuélle, que leur confeillera
leur amour propre, vertueux & religieux, c'eft-à-dire, une pratique de la
prudence la plus fublime dans la crainte de déplaire à Dieu, & dans le dèzir
de lui plaire; & que les quatre habitudes, que je vais expliquer, ne font
que les quatre principaux moiens pour

ariver à cette sublime prudence dès enfans de Dieu, & telles sont les habitudes, que l'on doit prendre dans une
sainte & sublime Education.

CHAPITRE IX.

Explication du second Moien.

Habitude à la Justice Crètiéne.

IL faut faire souvent remarquer aux
enfans, que les homes, qui ont u-
ne plus grande habitude à observer la
justice n'ofensent persone, sont moins o-
fenséz, & sont par conséquent moins
malhureux que les autres; au lieu,
que comunément les plus injustes, les
méchans se font beaucoup d'enemis, &
sont les plus malhureux, cela se fera
sentir par les comparaizons entre l'Ecolier patient & juste, & entre l'Ecolier
impatient & injuste, & leur faizant remarquer, que la plupart des malheurs
qui arivent à l'injuste sont cauzés par
son injustice, ainsi prèsque tous les exemples de malheurs dévienent des exem-

ples précieux, & des experiences importantes.

Quand le Regent, quand le Precepteur ne trouvera point dans sa classe
d'exemples de malheurs cauzés par l'injustice il en empruntera des autres classes; mais pour faire des impressions
plus profondes, il faut aux homes, &
sur tout aux enfans, qu'ils soient aidés
par les sens, il faut qu'ils conoissent,
il faut qu'ils voyent les malheurs &
les malhureux, & s'il se peut dans leur
afliction. C'est ce qui nous est presenté
par nos sens, qui fait le plus d'impression sur nous.

Il faut souvent faire remarquer à l'E-
colier qu'il a deux moiens pour conoître si ce qu'il a dit, si ce qu'il a fait,
est injuste; le premier, c'est lorsque quelqu'un s'en plaint & s'en trouve ofensé,
le second c'est se demander à soi-mê-
me, *voudrois-je qu'un autre en fît, ou en
dit autant contre moi.*

Il faut donq, que sur chaque plainte, que le Regent reçoit, il comence
par faire convenir l'ofenseur devant 6.
ou 7. de ses pareils, qu'il a efectivement tort, qu'il a comis une injustice,
qu'il seroit faché qu'un autre en uzat, ain-

ſi à ſon egard & qu'il doit reparer le cha-
grin qu'il a cauzé

Alors c'eſt à l'ofenſé à uzer de gé-
nerozité & à demander que l'ofenſeur
ne ſoit point puni , & à le tenir quite
de toute réparation , il eſt à propos de
faire remarquer à l'ofenſé qu'il eſt de
ſon interêt de pardoner aux autres leurs
fautes , afin qu'en récompenſe ils lui
pardonent un jour les ſienes , & c'eſt
même un conſeil de prudence.

Mais à dire la verité tout pardon eſt
quelque choſe de plus que la juſtice,
c'eſt une veritable bienfaizance , car enfin c'eſt faire un bien , un plaiſir , que
l'on ne doit pas : nous alons en parler
plus au long dans l'article ſuivant.

Ne pas s'aquiter de ce que l'on doit
à ſes maîtres , à ſes parens , à ſes ſu-
perieurs , à ſes camarades , à ſes pareils,
à ſes inferieurs , & à tous les autres
hommes, c'eſt faire des injuſtices.

Il faut pour l'inſtruction de l'Ecolier lui
faire lire une liſte detaillée de chacun de
ſes devoirs expoſés avec ordre & marquer
les cas les plus importans , pour leur a-
prendre à diſtinguer la diferente grandeur
des diferentes injuſtices ; voilà ce qui doit
faire

faire une grande partie de leurs leſſons, & de leurs repetitions journalieres.

Il faut que le Regent acompagne roûjours les preceptes & les corections de deux motifs. 1º. La punition temporelle, qui eſt la ſuite naturelle de l'injuſtice, haine, mépris, mauvaize reputation, 2º. La punition éternelle & certaine, ſi on ne repare pas les injuſtices, & ſi en compenſation on ne pratique pas ſouvent la bienfaizance.

Les preceptes, les conſeils, les corections auront d'autant plus de force, que les enfans ſentiront qu'il s'agit de leur propre malheur & leur propre bonheur, & qu'ils véront que les mechans, & les injuſtes ſont ordinairement où hais où mépriſéz dèz cète vie, & qu'il eſt encore de la Juſtice Divine, qu'ils ſoient punis dans l'autre, lorſque le nombre & la grandeur de leurs bienfaits, ne ſurpaſſent pas à la mort le nombre & la grandeur de leurs injuſtices, & que le mal emporte le bien dans la balance du juge ſouverainement juſte.

Il eſt vrai, que ces moiens pour procurer aux Ecoliers une forte habitude à la juſtice par les diferens exercices,

& par les diferentes reflexions, qu'on
leur fera faire tous les jours déman-
dent de la part du Regent, & des precepteurs beaucoup de peines, d'atention à les voir joüer, manjer, etudier,
ensemble, à s'informer de leurs difputes,
de leurs demelés, & à leur repeter in-
ceffament la même regle, & fur tout
les mêmes motifs fous diferentes manieres, fous diferens exemples, car d'un
côté fans de frequentes repetitions, il
ne faut point efperer de fortes habitudes, & d'un autre côté il faut de la
diverfité dans les manieres, dans les
exemples dans les reflexions pour empêcher que les Ecoliers ne s'aperçoivent
des repetitions.

C'eft par un nombre prefque inom-
brable de coups de marteau, qu'un or-
fevre vient à bout de bien faire un
vaze d'argent, mais il a la confolation
de voir au bout d'une heure, au bout
d'un jour un effet vifible de tous fes
coups de marteau, au lieu que le precepteur n'a pas cète confolation, cela
me fait penfer, qu'il eft dificile, qu'il
y ait pour lui un reffort, un motif
fufizant pour fe doner toutes ces peines, fi ce n'eft la confideration, qu'il

fera d'autant plus recompensé dans la vie future, qu'il aura formé un plus grand nombre d'hommes juftes & bienfaizans ; & par conféquent, procuré un plus grand nombre de bones œuvres fans en recevoir prèfque aucune recompenfe en ce monde, voilà pourquoi je préfere pour Regens ceux, qui ont plus de religion, & pour l'ordinaire, ce font les Religieux liéz par les veux de l'obeiffance, qui ont plus de religion que les autres, mais je crois, qu'il faut encore imaginer des récompenfes de diftinction, & d'agrement dans cette vie même pour les Religieux mêmes, qui reuffiffent le mieux dans leurs emplois.

CHAPITRE X.

Explication du troifiéme Moyen.

Habitude à la bienfaizance Crètiéne.

O ne fe plaint point de l'home jufte il ne fait aucun tort, il rend tout ce qu'il doit à tout le monde, il

s'aquite de tous ſes devoirs, mais on ſe
loüe du bienfaizant, on le trouve digne de recompenſe, & la premiere recompenſe c'eſt la loüange, il done du
ſien qu'il ne doit pas, il fait plus qu'il
ne doit, il va au dela de ſes devoirs,
auſſi la bienfaizance, ſi petite qu'elle
ſoit eſt une vertu bien plus digne de
loüanges que n'eſt la temperance & la
juſtice.

Il y a pluſieurs manieres d'exercer
la bienfaizance, ſoufrir des injuſtices,
des injures, ſans ſe plaindre, pardoner
les injures après qu'on s'en eſt plaint,
faire des petits preſens, ſelon ſon pouvoir, la maniere de les faire, les po-
liteſſes, les prévenances, les petits ſoins,
les petites atentions à faire plaiſir, les
marques ſingulieres d'eſtime, d'afection,
de reſpect, au de la de ce qui eſt deu,
les bons ofices, les éloges fondéz, les
aumones, les ſervices à ſes pareils, à
ſes inferieurs, mais ſur tout la patience & le pardon.

De la il ſuit, que pour devenir plus
en état de procurer plus de bienfaits à
ſes parens, à ſes amis, à ſa patrie, il
eſt à propos d'aquerir plus de talens,
chacun dans ſon emploi, il eſt à pro-

pos d'aquerir plus de revenu, plus de credit par ſes ſoins, & par ſon travail.

Il faut, que les Regens faſſent des liſtes de toutes les ſortes de bienfaizances, dont un Ecolier peut faire des exercices journaliers.

La patience, que l'on à ſans ſe plaindre d'une ofenſe que l'on reçoit eſt bien plus loüable, que le pardon, que l'on acorde de l'ofenſe après que l'on s'en eſt plaint.

Ainſi l'habitude à la patience eſt de toutes les parties de la bienfaizance la plus importante pour l'augmentation de ſon propre bonheur, & du bonheur des autres, c'eſt la vertu dont il eſt plus facile aux Ecoliers de trouver l'ocazion de faire tous les jours diferens actes, & par conſequent, dont ils peuvent plus facilement aquerir une forte habitude, & c'eſt auſſi l'habitude, qui me paroit beaucoup plus précieuze, que toutes les autres, que l'on peut aquerir dans la meilleure Education.

La patience eſt d'autant plus loüable, que l'injure eſt plus grande & l'ofenſe, eſt d'autant plus grande que l'ofenſé ſe l'eſt moins atirée, ainſi le pardon de l'injure eſt un bienfait, d'autant plus grand qu'il lui feroit plus facile de fe plaindre de l'injure, & d'en obtenir une venjance proportionée.

Les plus grans hommes font les plus patiens.

Les homes du meilleur comerce font les plus patiens.

Les plus patiens dans le comerce font les plus hureux.

Toutes ces propofitions font faciles à prouver par les experiences journalieres, & par l'hiftoire qui ne devroit être qu'un journal des vices punis & des vertus recompenfées, & à dire le vrai l'hiftoire doit-être interelfante, & agréablement écrite, mais pour être plus utile, elle ne devroit être que le recit des experiences paffées, fait principalement pour rendre les lecteurs futurs plus prudens, & plus vertueux, & par confequent plus hureux.

L'hiftoire particuliere ne devroit être qu'un récueil agréable d'obfervations de morale, fait à peu près pour perfectioner la fanté de l'ame, dans le même deffein que l'on fait des récüeils d'experiences & d'obfervations de chimie, de Medecine, de Chirurgie pour faire faire des progrèz dans les metodes , qui servent à conserver & à reparer la santé du corps.

L'histoire generale des Etats devroit être une collection d'experiences faites pour montrer les reglemens, qui ont bien où mal réuffi , & les raizons de leur bon où mauvais succés pour perfectioner la raizon de ceux qui doivent avoir part un jour au gouvernement de l'Etat , mais ces collections doivent être agréables à lire.

Il y a une forte de patience , qui est de s'acoutumer la peine que l'on reffent dans le travail & dans l'aplication & cela , parceque à intelligence égale l'Ecolier le plus patient , le plus laborieux , le plus conftant dans le travail devient bientôt superieur & fe diftingue bientôt entre fes pareils par fes talens.

Les plus impatiens dans le travail font les moins propres à fe diftinguer par leurs talens.

La plus grande habitudè à ces deux fortes de patience , c'eft à mon avis le fublime de l'excelente Education.

C'eft particulierement pour la patience fans plainte , qu'il faut établir des prix chaque mois , & les plus grans prix d'honeur à la pluralité des voix des pareils. E iiij

Quels homes que les Lacédémoniens du siecle de Leonidas en comparaizon des Ateniens & des autres Grecs, & cependant qu'els homes que les Ateniens mêmes en comparaizon des Perfes de ce siecle la ? Or toute la superiorité des Lacédémoniens sur les Ateniens venoit de leur superiorité de patience, & ou l'avoient-ils aquize cette patience ? C'étoit dans leurs Coleges, c'etoit à qui feroit le plus patient, temoin ce jeune Ecolier, qui se laissa manjer une partie du ventre par un petit renard sans crïer, dans une ocazion où il crut de son devoir & de son honeur de cacher le renard, & de ne pas faire de bruit.

Outre ces prix, qui marquent aux enfans l'état que l'on fait où d'un talent où d'une vertu, il faut toûjours joindre l'esperance & la prédiction, que cet enfant, qui remporte le prix, sera un jour à telle place dans le monde, & remplacera tel home d'une si grande vertu & d'un si grand credit, qu'il remplacera un tel Miniftre, un tel Saint sur la terre, car il faut citer l'homme vertueux, quand il y en a en place, & il y en a quelquefois dans les états même mal policés sinon il faut prendre des modéles chez les anciens, chez les morts; Solon, Epaminondas, Socrate, Aristides chez les Grecs : & Sipion, Caton, Agricola, Trajan &c. chez les Romains : & parmi nous St. Louis, du Gueselin, Bayard, le Chancelier de l'hôpital, Achile de Harlay, Descartes, Turenne, Lamoignon, Catinat, Vauban, il faut encourajer les jeunes gens en leur disant qu'ils obtiendront comme eux une vie délicieuze & éternelle.

En fait de promesses, de recompenses & de motifs, il ne faut jamais omètre ce qu'il y a d'immortel en nous, & depuis que la raizon plus éclairée nous a découvert que nous étions des êtres immortels, & qu'il y avoit un être juste, bienfaizant, tout puissant ce seroit une grande folie de ne pas mètre en euvre dans toutes les ocazions ces verités si précieuzes les plus importantes de la vie, & de ne pas faire tout l'uzaje possible de ces merveilleuzes découvertes, il me semble, qu'il nous seroit desormais honteux de vivre comme si nous n'étions que matiere, comme si nous n'étions qu'une machine, comme fi toute notre perfoné devoit s'anéantir & comme fi nous n'avions pas une fortune immenfe a efperer de l'Etre infiniment bienfaifant, dont nous tenons déja *l'indeftruЕtibilité* de notre ame & la durée infinie de fes conoiffances, de fes fentimens, c'eft-à-dire l'immortalité de ce *moi*, qui conoit, qui fent, qui raizone, qui efpére, & qui eft fi diférent d'une pierre, d'un arbre, d'un huitre, d'un chien, &c.

Il eft bon de faire eftimer aux enfans les recompenfes temporelles, mais il faut les acoutumer à eftimer incomparablement davantaje les recompenfes éternelles, & leur infpirer de la Religion de plus en plus, & tantot la Religion pleine de crainte pour engajer les temperamens durs & fenfuels à l'obfervaion de la juftice, & à ne point faire de mal, tantot la Religion pleine d'efperance pour engajer les temperamens plus modéres à faire des actions de bienfaizance crètiéne.

Cela fera facile fi on leur fait des peintures de plaifirs à leur portée plus grans que ceux qu'ils conoiffent, & qu'on leur dize après ces peintures que ceux qu'ils auront feront encore dix fois, cent fois, mille fois plus grans, & que tous ces grands hommes, qu'on leur cite souvent joüiſſent actuellement des plus grandes joyes pour avoir été les plus grands bienfaicteurs envers les hommes en géneral,& envers leurs compatriotes en particulier,& envers le plus grand nombre de familles de ces compatriotes.

Il faut leur repeter tous les jours & pluſieurs fois par jour, que ces joyes & ces plaiſirs renaiſſent & augmentènt tous les jours, & qu'ils n'aurout aucune fin, que cent milions d'anées ne font pas une heure, une minute, une ſeconde, un clin d'œil de l'éternité, voilà la meilleure maniere d'augmenter tous les jours en eux, ce qu'il y a de plus important dans la Religion & de les acoutumer à ne ſeparer jamais l'idée de la bienfaizance de l'idée du Paradis.

Il faut leur faire remarquer ſouvent que les plus grands Saints, qui ont le plus grand degré de bonheur en Paradis ſont ceux qui par leurs ouvrages, par leurs peines & par leurs travaux ont procuré au plus grand nombre de familles de plus grand bienfaits tant pour cète vie que pour la vie future, que la plus ſeure maniere de plaire à l'être parfait & de

lui plaire beaucoup c'eſt de l'imiter en ce
qui eſt en notre pouvoir, que nous ne
ſaurions mieux l'imiter qu'en imitant ſa
bienfaizance envers le plus grand nombre d'homes, & que par conſequent le
moïen le plus ſeur pour obtenir le Paradis, c'eſt d'être bienfaizant envers
les homes par le dèzir de lui plaire ;
voilà le capital de la bone Religion &
le meilleur uzaje que l'on en puiſſe
faire.

Tels ſont les reſſorts que le Regent
doit tous les jours fortifier par des exercices continuels dans les ames de ſes
Ecoliers, c'eſt ainſi qu'ils aquiereront
l'habitude à la patience, & aux autres
parties de la bienfaizance de leur État,
c'eſt ainſi qu'ils s'acoutumeront à n'a-
gir hors du Colege que par les deux
genres de motifs & de reſſorts, craintes & eſperances ; qui les auront fait
agir dans le Colege même, c'eſt ainſi
qu'ils aquiereront l'habitude de conoître les diférentes ſortes, & les diferens
dègrés d'injuſtices & de bienfaizances,
c'eſt ainſi qu'ils aquiereront l'habitude
de n'être point injuſtes tant par la
crainte de la honte ; & de la mauvaize reputation, que par la crainte de dé-

plaire à Dieu, & d'être par conſequent condanèz à l'enfer.

C'eſt ainſi qu'ils aquiereront l'habitude à la patience, & aux autres parties de la bienfaizance tant par le dèzir de joüir dèz cète vie du plaizir de la diſtinction la plus précieuze, que par le dèzir de plaire à l'être ſouverainement bienfaizant, & par conſequent d'être réçus dans le Paradis.

C'eſt ainſi qu'ils ſeront portés come naturelement à éviter les injuſtices, & à faire pour plaire à Dieu tout ce qui peut le plus ſervir à augmenter leur propre bonheur, & le bonheur de leurs parens & de leurs autres Concitoïens, ce qui eſt lebut le plus ſaje, & en même tems le plus vertueux, & le plus ſaint qu'ils puiſſent jamais ſe propoſer.

CHAPITRE XI.

Explication du quatriéme Moyen.

Habitude au diſcernement de la verité.

CE n'eſt pas aſſez d'avoir doné à l'Ecolier l'habitude à ſuſpendre ſa rezolution juſqu'àprès l'éxamen du bon

& du mauvais des partis opoféz lorfqu'il eft queftion d'agir, ce n'eft pas
affés de lui avoir doné des habitudes
propres à diriger les fentimens de fon
cœur, c'eft-à-dire fes dezirs & fes craintes, à proportioner la grandeur de fes
craintes à la grandeur des maux redou-
tés, tant pour éviter de faire des injuftices, que pour être porté à faire des
âctions de bienfaizance, il faut encore
lui doner l'habitude à la fufpenfion
pour ne point décider fi telle propofi-
tion eft vraye où fauffe, où douteuze a-
vant d'avoir examiné, fi elle à la même évidence des propofitions, qui font
évidentes pour tout le monde, il faut
lui doner l'habitude à examiner & à
fufpendre fon jugement avant que de
juger, avant que d'afirmer, avant que
de nier, & cela de peur de prendre
imprudament l'erreur pour la verité,
ainfi l'examen avant que de juger eft
encore une partie de la prudence.

Il faut donq faire aquerir à l'écolier
des habitudes propres à diriger les ope-
rations de fon efprit pour aquerir de
grans talens utiles à lui même, à fa
famille & à fa patrie, il faut par conféquent lui faire aquerir l'habitude à

raizoner jufte , & à fe conoître non
feulement en propofitions évidentes de
diférentes natures , mais encore en raizonemens juftes , & en confequences
juftes , il faut lui enfeigner à diftinguer
les preuves folides , des preuves frivoles & aparentes , à diftinguer dans les
preuves les diferens dégres du vraifemblable , c'eft qu'il faut qu'il faffe uzaje
tous les jours dans le monde, & prefque à chaque heure, de la juftelfe du
raizonement foit dans la converfation,
foit dans la lecture, foit dans les afaires , il faut, qu'il fépare à tout moment le vral, du faux , & ce qui eft dé-
montré , de ce qui n'e l'eft pas encore,
& qui refte douteux pour lui.

Il faut encore , qu'il ait contracté
l'habitude de démontrer , de prouver a-
vec clartée aux autres foit en parlant
foit en écrivant , ce qu'il s'eft demon-
tré à lui même ou dans la lecture , ou
dans la meditation , ce qui eft une habitude à une forte d'Eloquence, il faut
lui enfeigner à narrer par écrit avec
juftefle, avec précizion , avec grace ce
qu'il a oüi, ce qu'il a vû , ce qu'il a
lû, il faut qu'il aprene à écrire fes
preuves & à les aranjer , il faut qu'il

écrive fes récits dans fa langue maternelle, ce font deux efpeces de compofition, où il faut l'acoutumer en lui
faizant remarquer les fautes, où contre l'ordre, où contre la juftefle.

Il y a une diference infinie entre un
efprit qui raizone toûjours jufte, & un
autre qui raizone fouvent de travers;
or fi les regens dans chaque claffe, &
les precepteurs dans chaque chambre
prenent foin de montrer fouvent des
raifonemens juftes, & des raizonemens
faux, l'efprit de l'enfant s'acoutumera
facilement à difcerner les raizonemens
faux, & inconfequens des raizonemens
vrais & confequens, il n'eft queftion,
que de deux chofes, proportioner les
exemples à la portée des efprits, felon
leur âge & multiplier les exemples fur
des objets diférens.

Mais à dire la verité ce qu'il y a de
plus important à obferver dans ces exemples de faux raizonemens, c'eft de prendre ceux, qui menent a des erreurs de
pratique, & à des pratiques injuftes
contraires à l'augmentation du bonheur de la fociété,

CHAP. XII.

CHAPITRE XII

Explication du cinquiéme Moyen:

Habitude de la memoire pour retenir les faits, les demonstrations, des arts, & des sciences.

LA memoire utilement exercée est u-ne bone habitude, qui sert infini-ment à aquerir des talens, & les talens servent beaucoup à augmenter notre propre bonheur, & le bonheur des au-tres.

Les enfans aprenent facilement des faits curieux & utiles, mais ils les ou-blient encore plus facilement, quand on ne leur fait pas repeter souvent, & lontems ce qu'ils ont apris, & parti-culierement, ce qui n'a point passé par leurs sens. C'est la nature des hommes, & sur tout des enfans.

De la il est aizé de conclure 1º. qu'en-tre les choses que l'on peut enseigner aux enfans, il faut choizir les plus uti-les & celles dont ils peuvent faire le

E

plus d'uzaje le reste de leur vie, parcequ'ils les oublient s'ils n'en font un
grand uzaje, & alors c'est autant de
tems perdu, faire des vers grecs, des
vers latins, tems perdu pour presque
tous les Ecoliers.

2°. De la il suit, qu'il faut leur a-
prendre particulierement les comencemens des arts & des sciences dont ils
doivent faire plus d'uzaje dans le cours
de leur vie.

3°. De la il suit qu'il faut repeter,
mais en abregé dans la classe superieure ce que l'on a apris plus au long dans
la classe inferieure.

4°. De la il suit, qu'il faut aprendre un peu de tous les arts, & de toutes les sciences dans chaque classe.

5°. De la il suit qu'il faut lier le plus
qu'il est possible les faits, les maximes,
les demonstrations, les arts, les sciences qu'on leur enseigne les uns aux
autres, afin que la chose rapellé en rapelle d'autres, qui y ont été liées.

Par exemple, il faut lier autant que
l'on peut les faits de Cronologie, d'histoire, de Geografie, il faut lier la Geometrie à la Mécanique, la Mécanique à
la Fizique, la Fizique à la Médecine,
à la Chimie, à l'Anatomie, il faut

lier perpetuellement ce qui est nouvel-
lement conu à l'ancienement conu.

Plus un home a d'habitude à dire ainsi ses idées, plus il a de facilité à s'en
bien servir, plus il rend son esprit solide, ferme, fort, constant, lumineux,
propre à demontrer & à éclairer les autres.

6o. Il faut tant qu'on le peut facili-
ter, fixer & soutenir les idées des enfans par diverses choses sensibles, si l'on
veut, qu'ils retienent mieux ce qu'ils
aprenent. C'est une maxime à laquelle on ne fait pas assés d'atention dans
leur Education, notre maniere d'enseigner est trop abstraite. Je trouve moi-
même mes écrits trop abstraits & trop
denuéz d'exemples sensibles pour le comun des lecteurs. C'est un effet de ma
paresse.

7°. Il faut que le Regent se fasse une
idée juste de la portée de l'esprit
d'un enfant, & il faut, s'il est possible, qu'il s'abaisse aux alures, aux idées
enfantines de celui, qui a le moins d'intelligence de toute sa classe, il faut qu'il
tourne & retourne, ce qu'il leur enseigne de diverses fassons jusqu'à ce qu'il
voye par leurs réponses, qu'il n'y a
personne qui ne l'entende, car s'il ne

s'eſt pas fait entendre, c'eſt un tems perdu, & pour lui & pour ſes Ecoliers qui ne l'ont point entendu.

Les Ecoliers n'avancent pas, quand ils ne ſuivent pas le Regent & ils n'ont garde de le ſuivre quand il leur demande de monter pour ainſi dire les degrez quatre à quatre, c'eſt à lui à divizer même chaque dégré afin qu'ils le montent avec plus de facilité, je ſai bien, que cela n'eſt pas aizé, mais il eſt cependant abſolument neceſſaire pour un prompt & grand ſuccès.

8o. Il y a ici une obſervation à faire ſur l'Education, c'eſt que dans les huit premieres anées depuis huit ans juſqu'à ſaize les enfans, qui ſont deſtinéz à cinq ou ſix profeſſions diferentes, ne laiſſent pas d'avoir bezoin de pluſieurs conoiſſances, qui ſont comunes à toutes ces diferentes profeſſions.

Mais comme il y a dans ces huit premieres claſſes un certain nombre d'Ecoliers deſtinés a diferentes profeſſions, il eſt à propos, que dans un Colege complet & univerſel il y ait, s'il ſe peut, des profeſſeurs particuliers pour chaque profeſſion particuliere, qui reçoivent des Coleges non complets, qui n'ont que les huit premieres claſſes comunes, tous ceux qui au ſortir de ces huit premieres claſſes veulent étudier plus particulierement dans des claſſes particulieres & durant deux où trois ans les matieres des profeſſions particulieres, aux qu'elles ils ſont deſtinéz, par exemple pour la profeſſion Ecleſiaſtique; il ſera à propos d'enſeigner dans les claſſes particulieres quelque choze de la langue greque & de la langue hebraique, & d'y enſeigner encore plus de latin, que dans les claſſes comunes.

9°. Les Ecoliers dans les claſſes des profeſſions particulieres doivent ſur tout continuer à forrifier tous les jours par divers exercices les habitudes à la prudence, à la juſtice, à la bienfaizance, à l'évidence des propoſitions, & à la juſteſſe du raizonement, c'eſt l'objet principal de l'Education, *les talens ne ſervent de rien, & ſont même nuizibles a la ſocieté, s'ils ne ſont toujours acompagnés des habitudes vertueuzes.*

On peut dire même qu'il eſt incomparablement plus important pour l'augmentation du bonheur de l'Ecolier, du bonheur de ſes parens, & du bonheur de la ſocieté, qu'il ait aquis durant ſes

dix ans d'Education les habitudes néceffaires pour devenir fils, frere, mari,
maître, fuperieur, inferieur, voifin,
Citoyen jufte & bienfaizant, qu'il n'eft
important, qu'il ait aquis beaucoup de
conoiffances & de talens, au deffus de
fes pareils, c'eft que les conoiffances &
les talens eux mêmes ne font dèzirables non plus que les grands revenus,
& le grand pouvoir, qu'aproportion du
bon uzaje, que l'on en fait pour augmenter fon propre bonheur, & le bonheur des auttes, & il n'arive que trop
fouvent que le mauvais uzaje de ces
grans talens, de ces grands revenus,
de ce grand pouvoir dans les injuftes,
fert à augmenter leur propre malheur
& le malheur des parens & des Citoyens, & c'eft ce qui montre combien
les habitudes à la juftice & à la bienfaizance font plus importantes aux homes,
que toutes les autres habitudes.

CHAPITRE XIII.

Education domeſtique.

IL eſt evident, que le Precepteur où le Gouverneur d'un enfant doit avoir dans l'Education domeſtique le même but, & employer autant qu'il poura les mêmes moyens géneraux, que nous venons d'expliquer pour l'Education publique des Coleges, mais à dire le vrai il s'en faut beaucoup que l'Education domeſtique ait tous les avantajes de l'Education publique.

10. Ordinairement le Precepteur où le Gouverneur quoique habile arive tout neuf a ſon métier, il n'a nulle experience des enfans, il n'a point vecu avec des Precepteurs anciens, pui pouroient le guider, il n'a pu par ſon experience ſe faire une idée aſſés juſte ni de la portée de leur eſprit, ni des dégrez de leurs paſſions, il n'a nule experience des diferentes metodes les plus comodes & les plus eficaces pour les encourajer, & pour les intimider lorſqu'il le faut.

On trouve au contraire dans les Coléges des homes experimentéz dans tout ce qui regarde les enfans, qui ont une idée bien plus jufte de l'ignorance de leurs difciples, de leurs illuzions, de leurs diferentes paffions, ils ont deja fait l'Effai durant plufieurs anées des diferentes metodes, les plus propres à coriger les enfans de leurs defauts, & les anciens Precepteurs du Colege, fervent de guides aux nouveaux.

2o. Par les jeux du volant, du balon & autres exercices, les enfans ont dans les Coleges plus de faculté pour y conferver leur fanté que dans l'Education domeftique, ou il y a moins de facilité, ou il n'y a ni camarades, ni emulation fufizante a qui joüera le mieux, il n'y a pas non plus l'exemple d'obeiffance, pour faire ceffer ces jeux à point nomé.

3o. Les Medecins des Coleges foit religieux, foit féculiers ayant plus d'experience des enfans, favent mieux les gouverner dans leurs maladies, que les Médecins ordinaires des homes faits, ce qui n'eft pas un médiocre avantage.

4o. Dans l'Education publique le défir de fe diftinguer en bien entre pareils eft un très-puiffant motif pour exciter

citer les enfans à la moderation, à l'obéiffance, à l'aplication, à la patience; or dans l'Education domeftique il n'y a point de pareils, & par confequent, elle manque du puiffant motif de l'émulation, quatriéme avantaje de l'Education des Coleges, fur l'Education doméftique.

50. Dans l'Education publique la crainte de la honte, & du mépris ou de la diftinction en mal eft une douleur trèz fenfible, & un autre puiffant reffort pour coriger fes enfans, & les empêcher de devenir pareffeux, dèzobeiffans, mutins, brutaux, impatiens, inapliquéz, menteurs, &c. Or ce puiffant reffort manque viziblement dans l'Education domeftique, où il n'y a point de pareils, cinquiéme avantaje très-confiderable.

60. La pratique de la juftice entre pareils eft une des plus importantes habitudes, que l'on puiffe prendre dans l'Education, *ne faites point, ne dites point contre un autre ce que vous ne voudriez pas qu'il fit, qu'il dit contre vous, fupofé que vous fuffiez a fa pla-*

ce , & qu'il fut à la vôtre , & cela de peur de déplaire à Dieu.

Cette regle eſt la plus importante de toutes les regles pour la conduite de la vie , on a tous les jours à la pratiquer entre camarades , entre pareils , & dans la pratique journaliere point de forte habitude ; or la plus grande partie de cette pratique , & ſur tout l'exemple des pareils , manque là où manquent les camarades & les pareils , ſixiéme avantage de l'Education publique.

7°. La pratique de la politeſſe , de la prévenance , l'habitude à ſoufrir avec douceur & avec patience les injures , les ofenſes , l'habitude à pardoner des ofenſes, des imprudences , de petites coleres de ſes pareils , ſont des pratiques & des habitudes très-importantes par raport , au reſte de la vie , ſi l'on veut obtenir le titre précieux , & diſtinctif *de fort honete home & d'home d'un comerce dezirable.*

Ces pratiques ſont continuelles dans l'Education des Coleges , où l'on vit avec un grand nombre de pareils , ces pratiques ne ſont pas ſi frequentes dans l'Education domeſtique, où il n'y a point de pareils, & par confequent, ces habitudes à la vertu ne peuvent être que très foibles, car l'habitude ne fe fortifie que par une grande repetition des mêmes actes, & des mêmes exemples, feptiéme dèsavantage très important dans l'Education domeftique.

8°. Dans l'Education publique l'exemple des malheurs & des punitions que s'atirent les enfans imprudens, pareffeux, impatiens, menteurs, inapliquéz, rend les autres camarades plus fajes & plus prudens, ces exemples fenfibles augmentent la prudence de l'Ecolier, or dans l'Education domeftique, où il n'y a point de camarades, il n'y a point d'exemples de punitions & de malheurs arivés a des camarades par leur imprudence; huitiéme dèzavantaje.

9°. Il eft impoffible de voir fon camarade loüé, recompenfé publiquement pour fon obéiffance, pour fon aplication, pour fa patience, pour fa genérofité fans concevoir un nouveau dezir d'obtenir pareille recompenfe; or dans l'Education domeftique l'enfant n'a ni le fecours des bons exem-

ples des fes camarades, ni le fecours
de leurs récompenfes pour être porté à les imiter neuviéme dèzavantaje
de l'Education domeftique.

10. Dans l'Education publique on
voit parmi fes pareils quantité de raizonemens faux, qui font remarquéz
& tournés en ridicule, la crainte d'ê-
tre moqué augmente l'atention de l'E-
colier & cette atention augmente tous
les jours la juftefle de fon efprit & de
fes expreffions.

Or dans l'Edcation domeftique il
n'y a point de pareils qui raizonent
mal & dont on fe moque, il y a dans
l'Education publique plus d'ocazions
de remarquer les raizonemens confé-
quens, & de les diftinguer de ceux,
qui ne le font pas : dixiéme dèzavantaje.

On ne peut pas empêcher les Ecoliers de fe moquer quelquefois des défauts, & des fautes des uns des autres, & en ce cas la moquerie eft une
forte de punition très propre à coriger
de la préfomption & de la vanité, cette
oraction fe peut facilement pratiquer
& fe pratique journellement entre camarades & pareils, elle ne fe pratique

point la ou il n'i a point de pareils : onziéme dèzavantaje.

11°. La contestation, la dispute entre camarades eguize l'esprit, le rend plus juste, fait faire des eforts pour montrer la verité, souvent sert à détromper d'opinions fausses & l'on rétient mieux ce qui nous a été contesté, ou ce que l'on a apris par la contestation, ces avantajes ne se trouvent point là ou il n'y a point de camarades : douziéme dèzavantaje.

12°. Ces prix, que l'on done publiquement à la fin de chaque anée dans l'assemblée générale du Colege en présence des Étrangers au son des tambours, des timbales & des trompettes est une très belle invention & une sorte de triomfe publiq très bien inventé, mais il n'a pas été jusqu'à-présent aussi bien dirigé qu'il pouroit l'être puisqu'il faudroit un prix pour le plus juste & le plus bienfaizant, & que ce prix pour les sentimens du cœur, fut le triple des autres prix, qui se donent aux productions de l'esprit; troiziéme avantaje de l'Education des Coleges.

Je conviens qu'avec un Precepteur habile un enfant dans l'Education domeſtique poura faire plus de progrés du côté de l'eſprit & de la mémoire, mais que lui ſervira ce progrés s'il eſt plus fier, plus vain, plus préſomptueux, plus impatient, plus quereleur, plus défiant, plus menteur, plus incomplaizant, plus impoli, plus indiſcret, plus méprizant, moins ſociable, qu'il n'eut été s'il eut été élevé au Colege, où il y a beaucoup de pareils qui s'entrecorigent, & s'entrepoliſſent journellement & néceſſairement les uns les autres dans leur comerce a peu près comme des caillous raboteux, ſe poliſſent & s'arondiſſent dans la mer par leur frotement journalier & reciproque.

Je croi que les chambrées ne doivent point être moins nombreuzes, que de ſix & plus nombreuzes que de huit compris le Prefet où Repetiteur, un Repetiteur ne ſufiroit pas a plus grand nombre pour faire les repetitions & pour veiller à entretenir la paix, le ſilence & ſur tout l'inocence, d'un autre côté ſi le nombre étoit plus petit il n'y auroit pas ſufizamment de

quoi faire naitre l'émulation ni aſſez
d'exemples de punitions & de récompenſes.

De la il ſeroit aizé de démontrer
que les enfans des Rois & des Princes pour être beaucoup mieux élevés
dévroient ſuivre l'exemple du grand
Cyrus, qui profita ſi bien des avantages de l'Education publique, &
peut-être que quelque Salomon Roi
pacifique & Pacificateur de l'Europe
fera un jour bâtir pour ſes enfans, &
pour les Princes de ſon ſang, & pour
la principale Nobleſſe un Colege dans
le voizinage de ſon palais, pour les
faire joüir jeunes de tous les avantajes des exercices publiqs en conſer-
vant dans ſon Colege, le Gouverneur
& le Precepteur & autres Oficiers
choiſis de ſes enfans, mais je fais plûtôt des vœux que je ne done de conſeils.

De ces conſiderations un home ſen-
ſé conclura facilement que l'Education
que l'enfant prend dans les chambres
comunes de ſept à huit Ecoliers eſt de
beaucoup plus préférable à celle qu'il
prendroit à beaucoup plus grans frais
dans une chambre particuliere.

Peut-être qu'avec un excelent Precepteur qui eft un domeftique très-
rare, l'efprit d'un enfant croitra un
peu davantaje au Colege dans une
chambre particuliere, & avancera plus
du côtè des talens, mais il y a feurement beaucoup plus à perdre pour
lui du côté des talens, des mœurs &
des habitudes à la vertu, qui font
les plus importantes au bonheur, car
que fert l'efprit, que fervent les talens
à l'home impatient, infociable, injufte, menteur, fourbe, efcroq, inpoli ?

Ii perdroit du côté de l'émulation, du
de l'habitude à côté ladifcipline, à la regle
du côté del'habitude à la patience, à la politeffe, à la véracité, à la difcretion, toutes habitudes que les Ecoliers prenent
dans les chambres comunes.

Il y perdroit du côté des exemples
de juftice, de douceur & d'autres vertus recompenfées par les loüanges pu-
bliques du Prefet comun, il y perdroit du côté des fautes de pareffe,
d'opiniatreté, dinpatience, de colere
punies par des blames, par des reproches où par des ridicules publiqs
donés par le Prefet de la chambre comune.

L'enfant de la chambre comune s'a-coutume plus à la vie dure, à vivre avec égalité, & à ne diftinguer fes camarades & à n'en être diftingué que par des qualitez eftimables & aimables, au lieu que l'enfant de la chambre particuliere eft plus fujet à être gaté par les refpects & par les complaizances de fes domeftiques, il a plus fes aizes, & s'acoutume à la moleffe & à la vanité, en un mot l'Education des chambres particulieres à une partie des dèzavantajes de l'Education domeftique.

Ce que l'on pouroit faire en confideration d'un Prince du fang, qui travailleroit dans une chambre comune ce feroit d'y mètre un Prefet mieux choifi, un domeftique de plus & des camarades choifis parmi les plus vertueux, mais toûjours chambre comune pour lui procurer le long du jour le grand avantaje d'une émulation perpetuelle.

CHAPITRE XIV.

Education des Filles.

Dans les Coleges comme Saint Cyr,
où dans les Monaſteres.

LE But de l'Education des filles eſt le même que le But de l'Education des garſon, les cinq moiens géneraux, où les cinq principales habitudes ſont egalement propres pour réuſſir dans l'Education des filles, il ne s'agit que d'en faire l'aplication, mais il faut avoüer que juſques ici ceux qui gouvernent les états n'ont pas imaginé combien les Coleges des filles étoient néceſſaires, & combien leur bone Education importe à la grande augmentation du bonheur de la ſocieté.

Nous les negligeons dans notre police, comme ſi elles ne devoient pas faire la moitié des familles, comme ſi une mere de famille, qui par ſa bone Education eſt dévenue prudente, doûce, patiente, laborieuze, intelligente, gracieuze, économe, modeſte, juſte, bienfaizante, ocupée des ſoins de la premiere Education de ſes enfans, & de la regle de ſon domeſtique, ne contribuoit pas incomparablement d'avantage à l'augmentation du bonheur de ſa famille qu'une autre qui à cauſe de ſa mauvaize Education devient vaine, fiére, impatiente, oiſive, joueuze, dépenſiere, d'une humeur aigre, diſſipée, incomplaizante & uniquement ocupée de ſes amuzemens.

Il eſt donq plus à propos, que chaque état done plus d'atention que par le paſſé à l'Education des filles, il nous manque bien des chozes pour faire de bons Coleges de filles.

Il ſeroit à ſouhaiter qu'il n'y eut de couvens de filles & de couvens d'homes que ceux qui par leur inſtitution ſont les plus utiles au prochain, ſur les deux principaux articles, 1°. Les uns pour adminiſtrer les hôpitaux, 2°. les autres pour adminiſtrer les Coleges.

En général quand l'Education des garſons ſera bien rectifiée il ſera ai-

zé d'en comprendre beaucoup de choses pour rectifier celle des filles.

Ces persones bien élevées dé l'un & l'au-
-tre sexe se touveront a la tête de toutes
les familles un peu considérables de l'état,
soit dans les campagnes, soit dans les vil-
les , soit dans la ville capitale , soit à
la cour, or ce seront ces Chefs de
familles , qui auront passé leur premiere jeunesse dans les Coleges , qui
par leurs exemples & par leurs discours instruiront sans y penser leurs
domestiques , qui deviendront eux-
mêmes péres & méres de familles,
parmi le peuple , & qui doneront ensuite la premiere Education à leurs
enfans.

C'est ainsi que la lumiere & la raizon passeront quoique lentement, mais
incessament de familles riches au bas
peuple , qui n'a pas les moyens d'a-
ler chercher cette augmentation de raizon dans les Coleges, ainsi la raison du peuple croitra plus prontement
à mezure que la raizon de la jeunesse riche se perfectionera dans les Coleges & dans les couvens , le peuple
aura ainsi dans un grand Royaume,
cinq où six cens mille Chefs de fa-

milles bien elevés, dont il aprendra
que pour éviter les malheurs, & pour
obtenir les biens tant de la vie prefente que de la vie future, *il ne s'a-*
gît que d'imiter Dieu dans fa bienfai-
zance.

Si le fameux Colege de Saint Cyr
étoit perfectioné il eft évident, qu'il
feroit de l'utilité publique, qu'on y
reçut des externes riches d'abord en
petit nombre jufqu'à ce que l'on eût
doné ordre à l'augmentation des lo-
gemens, des meubles, & du nombre
des Regentes des nouvelles claffes, des
gouvernantes des chambres. On prendroit enfuite un plus grand nombre
d'externes, & peut-être qu'un jour ce
feroit un Colege de cinq cens filles,
& que les Princeffes acompagnées de
leurs Gouvernantes y feroient beaucoup mieux elevées que par tout ailleurs par les raizons que j'ai dites
en faveur de l'Education des Coleges contre l'Education domeftique.

Ce feroit un grand avantaje pour
un grand Royaume que de poffeder
un pareil modele d'Education, je ne
dezefpere pas de faire un memoire

expres pour montrer d'un coté combien une meilleure Education de femmes augmenteroit le bonheur de la focieté, & de l'autre pour doner quelques moyens de reuffir à cette Education, mais dans la crainte où je fuis de n'avoir pas le loifir d'executer mon deffein il ma paru qu'il valoit mieux en dire ici quelque chofe que de n'en rien dire du tout.

CHAPITRE XV.

Conclufion de la premiere partie.

JUfques ici je n'ai fait proprement que montrer le but ou nous devions tendre dans l'Education des garfons & des filles, je n'ai fait qu'expofer & expliquer aux miniftres d'état & aux Adminiftrateurs des Coleges les cinq moiens géneraux, où les cinq habitudes les plus propres pour ariver à ce but, j'ai regardé comme une chofe capitale de doner à chacun de ceux qui auront à l'avenir une forte d'infpection fur l'Education de la jeuneſſe cinq regles , avec leſquelles ils puiſſent juger avec ſeureté s'ils vont au but par la ligne la plus droite , où s'ils s'en écartent en donant plus d'heures à fortifier les· habitudes , les habitudes les moins importantes , au lieu de les employer à fortifier les habitudes les plus importantes.

Juſqu'ici je n'ai pretendu démontrer autre choze ſinon que ſi le gouvernement de notre Nation regardoit comme une afaire de la plus grande importance le ſoin de mieux faire élever les enfans dans les Coleges & dans les Convens, qu'ils ni ſont élevés ils déviendront en peu de tems en homes & en femmes les modeles des autres nations de l'Europe, & par conſequent du reſte de la terre tant pour l'aquiſition au plus haut degré de beaux ſentimens de cœur, que pour l'aquiſition au plus haut degré des belles qualitéz d'eſprit.

Ces obſervations générales & ſpeculatives devoient précéder les obſervations moins genérales , & de pratique qui doivent compoſer la ſeconde partie.

SECONDE PARTIE,

Observations moins generales & de pratique.

OBSERVATION I.

Necéssité d'un Bureau pour l'Education.

IL faut un Bureau perpetuel pour diriger perpetuellement l'Education de la jeunesse sous la direction du Ministre, qui aura dans son département la police générale de l'état.

1°. L'etablissement de ce Bureau est un moyen général pour perfectionner l'Education, & il est géneral parcequ'il renferme tous les autres moyens particuliers, qui font, & qui feront proposés dans chaque regne.

2°. Les Regens qui auront plusieurs anées d'experience, & qui se feront distinguéz dans leur profession

pouront

pouront doner à examiner au principal Officier du Colege leurs obfervations pour perfectioner la pratique de
Education & les principaux officiers
doneront à examiner au bureau celles
de ces obfervations qu'ils aprouveront.

Mais il eft vizible, qu'il faut un
Bureau, un confeil, qui foit le cen-
tre de ces obfervations, & qui ait le
pouvoir de les rectifier, & enfuite de
les autorizer par des ftatuts, afin de
perfectioner tous les jours cette partie
de notre police, & de faire obferver autant qu'il fera poffible l'u-
niformité dans tous les Coleges du
Royaume pour les pratiques, qui auront été démontrées come les meilleures.

Cette matiere eft fi importante pour
la felicité des homes en géneral, & de
chaque nation en particulier que je
croi, que les membres de ce confeil,
qui feront choifis par fcrutin au nombre de dix ou douze, ne doivent gueres furtout dans les comencemens a-
voir d'autres afaires à regler, ils feront les premiéres anées affés ocupés
à former & à rectifier les ftatuts, à
faire perfectioner tous les ans les li-

H

vres de chaque claſſe, à augmenter les
fonds de Coleges à ſoutenir ceux qui
démanderont la nouvelle metode, &
à faire recompenſer ceux qui travailleront le plus utilement à ce grand é-
tabliſſement.

OBSERVATION II.

Repetitions journalieres pour facili-ter les cinq habitudes.

IL eſt à propos que le Regent ne
paſſe point de jour, s'il eſt poſſible, ſans faire pratiquer à quelques-
uns de ſes Ecoliers en preſence des autres quelques actes des quatre premieres habitudes, où du moins qu'il ne
leur faſſe faire quelques reflexions &
quelques obſervations ſur chacune d'elles.

Si je recomande tant ces quatre premieres habitudes, qui conſernent la
mémoire, les langues, les arts & les
ſciences, c'eſt qu'a l'égard de la cinquiéme, nos Regens en ont fait juſqu'ici le capital de l'Education, ainſi
ils n'ont garde de l'oublier.

La répétition dès actes & des réflexions forme peu à peu, l'habitude
& ces répetitions, quand elles font
frequentes, diverſifiées, acompagnées
de choſes, qui tombent ſous les ſens,
& lorſqu'elles durent pluſieurs anées,
forment peu à peu des habitudes, qui
paſſent inſenſiblement en nature.

Si nous voulions examiner ce qui
cauſe en nous ces penchans que nous
apelons naturels, ces averſions, que
nous apelons natureles, nous verrions
qu'elles influent extremement ſur nô-
tre conduite, & qu'elles ne ſont fortes qu'aproportion de la répetition
des actes.

Notre Education s'eſt tournée mal-
hureuzement preſque toute entiere à
l'exercice de notre mémoire vers l'a-
crôiſſement de la connoiſſance des langues, des arts & des ſciences, ſans
ſonjer que la vertu eſt incomparablement plus importante pour le propre
bonheur du vertueux, & pour le bonheur de ſes Concitoyens, il eſt vrai,
qu'il faut plus d'eſprit dans les Regens
pour bien exercer le cœur ſur les diferentes vertus, que pour bien exercer l'eſprit ſur les diférentes conaiſ-

fances, mais ils pouront en venir à bout tantôt par des hiftoires où l'on peindra avec force les actions vertueu-fes, & avec horreur les actions mé-chantes & injuftes, tantôt par des fi-ctions ou l'on réprefentera par des ef-péces de fcènes certains traits d'hiftoi-re, tantôt en faifant exercer la patien-ce, la juftice, la générofité des Eco-liers, & en donant des loüanges pu-bliques à ceux qui ont mieux fait que les autres & en blamant publique-ment les turbulens, les menteurs, les brutaux.

Il faut les exercer particuliérement fur la première regle de l'équité natu-rèle, *Ne faites point contre un autre ce que vous ne voudriéz pas qu'il fît contre vous, fupofé que vous fuffiez à fa place, & qu'il fut à la votre, & cela depeur de déplaire à Dieu.*

Il faut, que le Regent, qui a re-cü des plaintes, aprene à l'ofenfé, qu'il valoit mieux foufrir fans fe plain-dre, & cependant qu'il reprene l'ofen-feur, & quand l'ofenfe eft confidéra-ble qu'il la faffe juger par fept de leurs camarades en fa préfence & confor-mement à cette première regle.

Certe leſſon eſt toute des plus importante dans l'uzaje, ainſi l'on ne ſauroit trop la repeter, & la faire trop ſouvent pratiquer dans l'enfance & dans la premiére jeuneſſe.

Il faut inventer ſur tout les récompenſes honorables, pour honorer & loüer les actions de vertus les plus dificiles, & les plus utiles aux autres telles, que ſont les actions de patience dans les injures.

Il faut faire remarquer en toutes maniéres aux enfans, que ceux qui excelent dans la juſtice & dans la bienfaizance ſont encore plus dignes de loüanges, que ceux qui excelent en mémoire & en intelligence, ainſi il faut doner les places de la claſſe, par raport à la vertu, il faut que ces places durent aū moins trois quarts plus que celles, qui ſe donent à la gloire, qui naîſt de la ſuperiorité d'intelligence.

Les défauts les plus comuns ce ſont les impatiences, les injures, les menteries, les médizānces, les petites calomnies, ces défauts ne ſauroient être trop exactement remarquéz dans leur naiſſance, & trop fortement repriméz par les maîtres & ces leçons qui

regardent la conduite des uns à l'égard
des autres font incomparablement plus
importantes, que des leſſons qui regardent les langues, les ſiences & les
arts, & à dire le vrai, quel plaiſir
me fait à moi l'Ecolier ſuperieur en
memoire où en intelligence? Mais je
n'en dirai pas de même de l'Ecolier
mon camarade ſuperieur en douceur,
en politeſſe, en complaizance, en liberalité, en patience, ces vertus dans
mon camarade me font grand plaiſir
le long des mois, le long des anées.

Les enfans ne retienent les faits des
langues, des arts & des ſiences, qu'à
force de repetitions faites en diferentes manieres, & en diférens tems, ainſi il faut leur faire repeter en abrejé
en un jour ce qu'ils ont apris en une
ſemaine, il faut qu'ils repetent en un
autre jour mais plus en abrejé &
quelquefois par queſtions & reponſes
le capital de ce qu'ils ont apris en
quatre ſemaines.

Il faut ſur tout que les choſes nouvelles, qu'ils aprenent, tienent autant qu'il eſt poſſible à celles, qu'ils ont
anciencment aprizes, afin qu'ils ayent
ocaſion de s'en renouveler la mémoire,

Il faut que le même, qui interoge en publiq, soit lui même interogé par le repondant, & que la difpute les reveille & imprime les chozes plus profondement dans la mémoire.

Comme il faut dèz la plus baffe claffe doner les premiéres idées de toutés les conoiffances, il arivera fouvent qu'en avanfant de claffe en claffe, on repetera dans la plus haute claffe quelque chofe de ce, qui a été enfeigné dans toutes les claffes précédentes.

OBSERVATION III.

Répetition des Motifs.

POur rendre les enfans atentifs il faut que chaque jour ils entendent quelque chofe des motifs de leurs exercices, il faut qu'ils comprenent peu à peu, que c'eft ou pour les rendre, ou plus heureux, ou moins malhureux foit en cette vie foit en l'autre, il faut leur expliquer ces motifs, les leur faire fentir en cent manieres diférentes fouvent en paffant , fouvent exprés , car les enfans non plus que les hommes , ne font rien que pour augmenter leut bonheur où préfent , où avenir.

La différence de la conduite d'un enfant du Colege à ce même enfant dévenu homme c'eft que dans l'enfance faute d'experience , il fait trop de cas du plaifir préfent , & de la peine préfente , il fait trop peu de cas des plaifirs & des peines avenir ; or c'eft cette erreur , cette illufion qu'il faut coriger peu à peu dans les enfans en fortifiant en eux par des frequentes repetitions les motifs les plus puiffans & les plus raizonables des actions humaines.

Mais le poinct principal eft de lier par la répetition leurs idées les plus importantes , il faut par exemple leur reprefenter fouvent , que Dieu étant l'Auteur de leurs plaifirs actuels , il eft jufte de l'en remercier comme de bienfaits actuels , qu'ils réçoivent actuellement , il faut lier ainfi infenfiblement l'idée du bienfait à l'idée du bienfaicteur , l'idée du plaifir , à l'idée de l'auteur du plaifir , afin que par recon-

reconoïſſance ils cherchent pour lui plaire les ocazions de faire plaiſir aux autres, & qu'ils puiſſent lier étroitement l'idée du Paradis à toutes les actions de bienfaizance, c'eſt la liaizon étroite de ces idées, qui eſt proprement le poinct le plus important de l'Education.

OBSERVATION IV.

Il ne faut pas trop d'Ecoliers pour un Regent.

JE n'ai pas aſſéz d'experience des Coleges pour ſavoir combien un maître peut exercer d'Ecoliers, pour les bien exercer tous, & pour leur faire faire un grand progréz en peu de mois, mais j'ai du penchant à croire, qu'il ne ſauroit en bien exercer qu'environ cinquante ou ſoixante dans ſa claſſe, il faut même encore dans chaque chambre un Répetiteur ou Precepteur ou Préfet.

Ces Répetiteurs doneront même quelquefois la comiſſion aux plus ha-

biles Ecoliers d'exercer & de faire repeter les moins habiles.

Il faut dans un Colege nombreux
plusieurs Regens d'une même classe,
& par consequent plusieurs sales d'e-
xercices, ou plutôt il faut quelquefois partager un même Colege en deux
sur tout si chaque classe est de plus
de six vint.

Il faut laisser deux ans dans la même classe les esprits lents & peu in-
telligens, afin qu'ils ne perdent pas
leur tems dans une classe superieure,
où ils n'entendroient prèsque rien.

OBSERVATION V.
Amour pour la distinction pré-
cieuse.

CEux qui ont eu inspection sur
les Coleges, ont bien aperſu
combien le dèzir de surpasser ſes pareils, & d'être plus estimé qu'eux pouvoit faire faire des efforts ſoit d'a-
plication, ſoit de patience aux Ecoliers pour mieux réuſſir que les autres, & c'est pour cela, que dans la
plupart des Coleges on a ſi ſajement

Inventé la diférence des places dans les claſſes & même des noms honorables d'Empereurs, de Conſuls &c. noms de ſuperiorité & d'honneur.

Mais il me paroit, que le reſſort de l'émulation peut-être beaucoup perfectioné en multipliant les diſtinctions 1º. quant à la forme, 2º. quant au diſcernement entre la gloire moins précieuze,& la gloire la plus précieuze, en mètant de la diférence entre les marques de diſtinction & de ſuperiorité; par exemple, il vaut beaucoup mieux ſurmonter ſes camarades en patience, en juſtice, en génerofité en bienfaizance dificile qu'en intelligence dificile, il faut de même préferer la juſtice à l'amitíé &c. auſſi faut-il faire remarquer ces diferens prix aux enfans par la diférence que les Regens mettront entre les diférentes marques d'honeur.

Il ſeroit bon que le dernier mois de chaque anée les Ecoliers de la même claſſe choiſiſſent par ſcrutin entre eux 1º. Le plus juſte, qui craint le plus d'ofenſer; 2º. Le plus bienfaizant qui pardone le plus genereuſement, & que le Regent choiſiſſe.

3°. l'efprit le plus jufte & le plus intelligent, 4°. la memoire la plus fure & la plus étendue, qu'ils ayent chacun une marque exterieure fur leur habit, qui dure tout ce dernier mois jufqu'au fcrutin du mois fuivant, il pouroit même quelquefois ariver que le même Ecolier pouroit avoir les quatre marques d'honeur.

Il y auroit auffi tous les autres mois quatre prix femblables ou marques d'honeur, deux pour les deux principales qualitez du cœur, juftice & bienfaizance, & deux pour les deux principales qualitez de l'efprit, juftef-fe & mémoire, on les porteroit tout le mois.

Le fcrutin fe feroit devant le Regent & devant deux Précepteurs ou Préfets de chambres, qui interdiroient de voix active & paffive, quiconque auroit cabalé ou fait cabaler, fi la cabale étoit fufizament ateftée devant les trois Comiffaires.

Le fcrutin des prix de la fin de l'anée s'ouvrira fur le teatre même afin que le fecret foit gardé jufques là & nul Ecolier ne dira de quel avis il a été ni n'interrogera fur cela fon cama-

rade, fous une peine fufizante qui fera publiée.

Les prix du dernier mois de la fin
de l'anée feront la même fleur, mais
brodée plus en grand que les autres
mois ; on marquera ainfi aux enfans,
par la diférence de l'or d'avec l'argent
combien les belles qualitez du cœur
font préférables aux belles qualitez de
l'efprit.

Je ne fais qu'indiquer quelques détails de recompenfes honorables, d'autres fupleront aux autres, & perfe-
ctioneront ceux ci, je les trouve beaucoup plus importans, qu'ils ne paroiffent, puifque ce feront les reffoirts
d'un très grand progrèz, que feront
chaque anée tous les Ecoliers de tous
les Coleges du Royaume dans les talens, & dans les vertus.

C'eft l'examen qui fait croitre l'efprit, & les efforts dans l'exercice rendent l'efprit plus ouvert & plus fort;
or fans émulation nuls éforts, on tom-
be au contraire dans la pareffe, dans
le dégour, dans la langueur.

L'efprit humain a un avantage c'eft
qu'il ne vieillit pas tant que le corps
& qu'il fe fortifie même toûjours un

peu du moins quant à la juſteſſe, dont l'habitude ſe fortifie par la répetition des raizonemens juſtes, & par de nou-velles concluzions, que nous tirons de tems en tems de nos réflexions.

Nous avons à reprimer les paſſions pour les plaiſirs des ſens, dont l'ex-cès eſt ſi préjudiciable à l'homme & à la ſocieté, nous avons pour en arêter la fougue la crainte de la honte, & l'eſprit de la loüange, ainſi on ne ſauroit trop pour l'utilité publique, augmenter dans l'Education des en-fans, leur gout pour les loüanges, on ne ſauroit trop augmenter en eux l'averſion pour la honte par les diférentes punitions honteuzes, pourvu qu'on fortifie à mezure en eux le diſcernement pour conoître la bone gloire, qui tend toujours à l'utilité des autres, & pour la diſtinguer de la mauvaize gloire de l'homme vain, qui ne tend qu'à ſon utilité particu-liere.

Il faut par conſequent leur doner une regle pour diſcerner les actions fort blamables d'avec celles qui ſont moins blamables.

Cette regle c'eſt le plus ou le moins.

de préjudice ou de déplaifir, qu'en
foufrent les autres & le plus grand
nombre des autres.

De même la regle pour diftinguer
les actions les plus vertueuzes des
moins vertueuzes, c'eft le plus ou
le moins de plaifir & d'utilité, qui en
rezulte pour les autres & pour le plus
grand nombre des autres, en fupofant
égalité dans les motifs, & dans les
dificultés furmontées.

Peut-être que l'on trouvera à propos,
de doner quelquefois durant une femaine une marque honteuze au plus
impatient, au plus injufte, & cela au
fcrutin.

On done tous les mois dans les
Coleges d'aujourd'hui les places diftin-
guées pour les Ecoliers, qui fe diftinguent par leur fuperiorité ou en memoire ou en intelligence, je voudrois,
que ces places ne fuffent ocupées qu'u-
ne femaine par mois par ceux qui
fe diftinguent du côté de l'efprit, &
doner ces mêmes places pour trois fe-
maines à ceux qui ont obtenu le prix
de la juftice, & le prix de la bienfaizance, & fur tout par la patience,
qui fait une partie principale de la
bienfaizance.   I iiij

La superiorité d'intelligence seroit decidée par le Regent, mais la superiorité de vertu seroit toûjours decidée par la voix du scrutin entre les Ecoliers de la même classe.

Plus on est enfant plus on agit par le sentiment présent, ou de plaisir, ou de peine, sans considerer les peines futures que produira le plaisir actuel, ni les plaisirs futurs que produira la peine présente, c'est cette consideration que l'on apéle *Raizon*.

Plus la sensibilité est grande, & moins on a d'experience, plus on agit par passion pour le présent, & moins on agit par raizon pour l'avenir; c'est à-dire par la considération des plaisirs, que l'on se procurera ou des peines dont on se prézervera.

Il faut donq pour gouverner les enfans avoir recours à la crainte des peines présentes pour les faire agir sans plaisir, & même contre leur gout, mais conformèment à la raizon & à leur interêt réel.

Depuis 7. ans jusqu'à 12. les enfans font vint fois plus d'actions par la crainte des peines présentes, que par raison, c'est-à dire que par la crainte des peines éloignées, & incertaines, ou par l'esperance des plaisirs éloignés & douteux, ils ont encore trop peu d'experience pour juger, que c'est leur aplication présente & pénible, qui doit leur procurer un jour beaucoup d'agrémens.

Depuis 12. ans jusqu'à 18. la raizon s'est fortifiée, mais la crainte des punitions contribue fort encore dans l'Ecolier à lui faire faire dix fois plus d'actions raizonables, que l'esperance de la recompense, & sur tout à l'égard des caractéres indociles, & dont la sensibilité est ou trop grande ou trop petite.

Il faut diverses éspéces de punitions, selon le caractére des Ecoliers, aux uns qui aiment la societé, ce sera la prizon, aux autres qui craignent la honte, ce sera un reproche publiq, un ridicule publiq, une marque publique honteuze durant quelques jours, ce sera de même une louange publique donée par leur Regent, qui sera regardée comme une grande récompense.

OBSERVATION VI.

Diriger la curiofité vers la plus grande utilité.

LE dèzir d'aprendre, le dèzir des conoiffances nouvelles, le dèzir de conoitre plus de faits, plus de parties des arts & des fiences eft un gout naturel, qu'on apele curiozité, mais quand on dèzire ces conoiffances nouvelles dans l'efperance d'être diftingué de ce coté là entre fes pareils, ce n'eft plus fimple curiofité, c'eft pur dèzir de diftinction.

On m'a parlé d'un home qui favoit quatorze langues, & d'un autre, qui favoit prononcer & écrire le Pater en vint deux langues; fi ces gens la s'en croient beaucoup plus éftimables, ils fe trompent lourdement, cela prouve au contraire que le tems qu'ils auroient pû emploier à aprendre des conoiffances utiles, ils l'ont emploié folement à retenir des mots & des frazes très inutiles.

Il est très à propos, que le Regent excite la curiozité de ses Ecoliers pour certaines conoissances quelques jours avant que de les leur enseigner; mais c'est particuliérement en leur en montrant la grande utilité, soit par raport à eux, soit par raport au bien publiq.

Une curiozité immoderée pour les choses rares & peu utiles, est un vice & un ridicule, car c'est mètre un haut prix à des conoissances de très peu de valeur.

La curiozité pour être éstimable doit donq être mezurée par l'utilité & non par la rareté des conoissances, que l'on veut aquerir, j'en ai parlé dans un memoire feparé.

OBSERVATION VII.

Diferences des punitions & des récompenses.

JE demande, que par les degrés que l'on mètra entre les diferentes récompenses, & entre les différentes pu-

nitions on faſſe conoître évidemment
aux enfans la diference entre les fautes, la diference entre les bones actions, la diference entre les livers talens, cela demanderoit un grand détail, que d'autres feront un jour mieux
que je ne pourois faire.

Les enfans ont aſſéz de raizon pour
voir ce qui eſt convenable, ce qui eſt
plus ou moins éſtimable, ainſi on peut
leur faire entendre peu à peu déz onze ou douze ans les raizons des diferences de ces punitions & de ces re-
compenſes & des autres ſtatuts de la
diſcipline du Colege.

J'obſerverai encore une choſe importante ſur la loüange & ſur le blame, il faut autant qu'il eſt poſſible,
lorſqu'on blame l'enfant de quelque
choſe, le loüer un peu de ce qu'il a
fait de loüable ; de même lorſqu'on le
loüe, il faut le blamer un peu de ce
qu'il a fait de blamable ou de moins
loüable, cela lui prouve que ce n'eſt
pas par humeur, par chagrin, par venjance, par prévention, mais par raizon qu'on juge de ſes actions, cette
pratique lui done beaucoup plus d'a-
tention pour meriter les loüanges rai

fonables, & pour éviter, ce qui eſt blamable.

Blamer en publiq les actions très-blamables & en particulier les actions moins blamables, côme ſont les imprudences, il faut faire ſentir, & ſouvent aux enfans les diférens dégrés du loüable, & du blamable, & c'eſt un des poincts les plus importans de l'Education.

Si l'on uze quelquefois & avec aparéil de la peine du *talion*, on fera plus ſentir aux enfans ofenſeurs la grandeur de l'ofenſe.

Nous n'avons pas aſſez inventé de dégréz de punitions pour les diférens dégréz de fautes, & cependant c'eſt par ces diférens degréz de punitions, que l'on fait mieux ſentir aux enfans le dègré de grandeur dans les imprudences où ils tombent, & dans les injuſtices qu'ils cometent, il faut, que les punitions ayent leurs dégréz comme les récompenſes, ainſi il faut un apartement de corection, une prizon dans un Colege, & un Préfet exprès de cet apartement, home habile pour faire mètre à profit le tems de la corection; nous n'avons pas encore mis en œuvre autant que nous le pourions le reffort de la honte, du mépris, du ridicule entre pareils.

Le Prefet de l'apartement de corection aura foin de faire comprendre autant qu'il poura à l'enfant le degré d'imprudence ou d'injuftice de la faute, pour laquelle il eft puni, & cela par raport à fon vrai interêt & à la juftice qu'il doit aux autres, il faut employer ce tems d'ennui dans la prizon à le remètre doucement dans la voye de la raizon, je ne fai s'il ne feroit pas à propos, que l'Ecolier y fut gouverné & dirigé par deux Préfets d'un caractére opofé, le premier un rhadamante fevere & auftere, le fecond ferme mais qui ait des maniéres douces.

Dègrés de fautes 1o. oubli, 2o. imprudence, 3°. dèsobéiffance formelle, 4°. opiniatreté, 5o. injuftice & puis dégréz de tort & d'injuftice.

OBSERVATION VIII.

Les minuçies en grand nombre & *néceffaires pour ariver à un but* *important dévienent elles mêmes* *importantes.*

IL faudra pour les punitions, pour les recompenfes, & pour la difcipline des Ecoliers entrer dans beaucoup de minuçies.

En general tous les arts, toutes les fiences font compofées de petites parties ; il y a beaucoup de minuçies, de petites minuçies, & cependant fans ces minuçies, fans ces petites minuçies point d'arts, point de fiences.

Il eft bien aizé de fe moquer du ferieux, que l'on aporte, ou à l'obfervation, ou au comandement des minuçies, les efprits fuperficiels ne voyent pas que c'eft de l'obfervation du détail de ces minuçies, que dépend originairement la grande perfection d'un grand art, d'un art très-important.

l'art de la guerre n'eſt il pas com-
poſé de petites parties ? Dans le détail de l'Infanterie , par exemple,
dans le détail de la Cavalerie , dans
le détail des fortifications , dans le
détail des vivres , &c. Les ignorans
ne voyent pas dans l'Education l'importance des minuçies , & cependant
de l'Education d'un enfant dépend le
bonheur ou le malheur du reſte de ſa
vie, & de l'Education de tous les enfans
d'un Royaume , dépend le bonheur
où le malheur futur du Royaume entier.

   Si quelqu'un railloit les financiers &
les ſoufermiers de ramaſſer ſérieuzement
des ſous , de petites piéces de cuivre ,
& s'ils ne ramaſſoient efectivement que
les ſomes de cent francs , & au deſſus
ils ne ramaſſeroient pas le quart des
revenus du Roi , prèſque toutes les
tailles , prèſque tout le revenu des
aydes, preſque tout le revenu de la
gabelle , preſque tout le revenu des
entrées ſe payent dans leurs ſources
en tres petites parties de cuivre &
d'arjent , mais en grand nombre , &
c'eſt le nombre prodigieux de ces très
petites parties , de ces petites minuties , qui forment la principale force

de l'état, une minuçie qui devient source de quelque talent, de quelque défaut considerable pour un grandnombre- d'homes importans n'est plus une minuçie.

Une minuçie qui est seule, n'est qu'une minucie de peu de considération ; mais si vous négligiez cinq cens mille minuçies de cette espéce, cette négligence dévient très considérable ; or l'esprit superficiel ne voit la minuçie, que comme minuçie dans un enfant, & ne la voit pas come source nécessaire d'un grand talent, d'un grand vice, il ne voit cette minuçie que dans trois ou quatre sujets, & dans un Colege, & son esprit n'est pas assez grand, sa veüe n'est pas assez étendue, pour voir cette même minuçie en trois ou quatre cens mille sujets dans l'état.

Dans l'Education il y a des minuçies qui tienent le même rang que tienent dans les finances les deniers, les sous, les livres, les pistoles, une pistole est une minuçie, une somme de cent pistoles n'est plus une minuçie, un sou est une grande minuçie, deux milions de sous ne font plus une minuçie.

K

OBSERVATION IX.

Emulation entre Coleges.

IL eſt rrès important d'exciter l'émulation entre particuliers , & par
conſequent , il eſt très important d'exciter l'émulation entre ſocieté & ſocieté , entre corps & corps , entre Colege & Colege *e* reſte à trouver les
moyens de pouvoir faire la comparaizon du ſuccès de l'Education d'un Colege d'un ordre au ſuccès d'Education
d'un Colege d'un autre ordre, cela ne
m'a pas paru aizé à trouver ſur tout à
l'égard des habitudes vertueuzes, qui
ſont les habitudes les plus importantes , quelqu'un plus habile que moi
les trouvera.

OBSERVATION X.

Même Regent pour la même claſſe.

1°. LE poinct principal dans l'Education c'eſt de perfectioner les

métodes, en les rendant plus claires,
plus abrejées, plus faciles, plus proportionées à chaque claſſe; or il paroit, que le même home qui s'aplique le
long de l'anée à étudier la portée
d'eſprit d'une certaine claſſe, d'un certain âge fera plus de bones remarques
en dix ans ſur la maniere d'enſeigner
aux eſprits de la même portée, que
s'il ne revenoit dans la même claſſe
que huit ou dix ans après pour y
paſſer un an.

2o. Il eſt vrai, qu'un bon Regent
ou de fizique ou de politique ſeroit
bon Regent de la claſſe de neuf à
dix ans, mais ſouvent un bon Regent de cette claſſe de dix ans ne
ſeroit pas bon Regent de la claſſe de
15. à 16. ans.

3o. Il paroit que les Ecoliers &
le Regent redoublent d'atention les
uns pour aquerir l'éſtime du nouveau
Regent, & l'autre pour plaire aux
nouveaux Ecoliers, ce qui tourne au
profit des uns & des autres.

4o. Si par l'experience on trouve
qu'il ſera plus utile aux Ecoliers, que
ce ſoit le même Regent, qui les con-
duiſe durant les quatre premiéres claſ-

ſes j'y ſouſcris, mais juſqu'ici je croi
que l'experience confirmera mon o-
pinion.

OBSERVATION XI.

Diverſité dans les Sujets à enſeigner.

PLus les enfans ont de plaiſir lorſqu'ils aprenent, plus ils retienent,
& plus leur intelligence fait de chemin ſans ſe laſſer ; or plus les Regens diverſifient les matieres, plus ils
procurent de plaiſir aux Ecoliers.

Cela me fait croire, que dans les
plus baſſes claſſes on peut leur aprendre quelque choze de general, & de
ſuperficiel de tous les arts, de toutes les ſiences, dont ils aprenent davantage dans la claſſe ſuperieure, cette metode ſert non ſeulement à procurer la diverſité, ſi agréable à l'home, mais elle ſert encore à la répetition inſenſible, ſi importante aux
enfans, pour fortifier leur memoire,
& pour mieux lier leurs idées.

OBSERVATION XII.

Arts diferens dans le Colege.

IL dévroit y avoir dans l'enceinte du Colege des outils de diferentes fortes d'arts les plus néceſſaires à la focieté, ou plutôt il faudroit au tour du Colege des boutiques d'ouvriers, car il eſt auſſi digne de la curiozité des homes de conoître les arts principaux, que les principales fiences, ainſi il en faudroit pour les moulins, pour la boulangerie, pour la tiſſerandrie, pour l'Imprimerie, pour l'orlogerie, pour la navigation, pour l'agriculture, pour le jardinage ; il faut avoir des inſtrumens de muſique, de matematique &c. Les enfans aiment toutes ces chozes, & demandent à comprendre l'uzaje de tout ce qu'ils voyent, ainſi il faut un home exprès qui faſſe mouvoir ces diférentes machines à mezure qu'on les leur montre.

On peut les mener dans les ſales, où dans les greniers, où dans les jardins aux heures de recreation, & leur faire mouvoir à eux mêmes quelques-uns des inſtrumens, & un autre jour à une autre ſale, ou bien leur aprendre quelque choſe de nouveau du même métier, car comme il y a falu beaucoup d'eſprit pour avoir inventé tous ces inſtrumens, auſſi y a-t-il beaucoup à profiter pour l'intelligence à en conoître l'uzaje, & à en comprendre la grande utilité?

Il ne faut pas, que les enfans ſortent du Colege ſans ſavoir quelque choſe des arts les plus comuns, & même ſans ſavoir quelque choſe des remedes les plus comuns, & des manieres de ſe guerir des petites bleſſures & ſans conoître quelque choſe de la procedure & de la jurisprudence, dont ils auront tant de bezoin.

OBSERVATION XIII.

Partajer les Exercices des Claſſes.

LE plus dificile dans la pratique c'eſt de partajer les exercices de chaque année & de chaque mois des huit ou neuf claſſes comunes, & même les exercices de chaque ſemaine, en ſorte que tout cet éſpace ſoit rempli autant qu'il eſt poſſible, non ſeulement des pratiques vertueuzes qui regardent le cœur, mais encore des conoiſſances les plus utiles, qui regardent l'eſprit.

Je voudrois bien voir un projet d'une pareille tablature pour y faire mes obſervations, je voudrois voir dans ce projet les exercices de telle & telle claſſe pour telle ſemaine, de tel mois, ſur telle & telle habitude, & par conſequent, ſur telle vertu, ſur telle ſience, ſur tel art, &c.

Voici dans l'obſervation ſuivante les chozes principales, ſur leſquelles il faut former ce partaje.

OBSERVATION XIV.

Sujet pour les exercices journaliers, ſur les quatre premieres habitudes.

IL y a des exercices *journaliers*, il y a des exercices qui ne ſont que ſemaniers, la tablature pour chaque claſſe ſe les diſtinguera les uns des autres, c'eſt un eſſai de pareille tablature divizée par mois, par ſemaine, par jours, que je ſerois fort aize de voir formée par quelque grand eſprit éclairé par l'experience des Coleges quant même ce ne ſeroit qu'une ébauche.

1º. Il faut un peu de tems par jour pour les exemples des malheurs arivéz aux imprudens ſoit par intemperance, ſoit par dèzobeiſſance, ſoit par colere. Les hiſtoires fourniront ces exemples, mais ceux qui ſeront tiréz des Ecoliers du Colege feront beaucoup plus d'impreſſion.

2º. Un peu de tems par jour pour les exercices qui doivent ſervir à diſcerner la gloire de la vanité, la diſtinction la plus précieuze de la moins précieuze, ſur le vrai & faux ridicule, ſur le plus ou moins honteux... ces inſtructions, ces exemples, ces pratiques ſeront diférentes ſelon les diférentes claſſes & ſelon le mois de chaque anée.

Il y aura de ces exercices qui ſe feront en publiq, c'eſt-à dire en pleine claſſe ou l'on a plus d'atention, ce feront particulierement les exercices,

qui

qui regardent la juftice , & la bienfaizance , qui font les habitudes les
plus importantes ; il y aura d'autres
exercices qui fe feront dans la chambre, par exemple, pour aprendre à bien
écrire , à bien chifrer , à bien calcu-
ler , il y aura quelque repetition le foir
de ce qui a été dit le jour en claffe.

3o. Un peu de tems de chaque jour
pour les exercices qui doivent faire
conoître, toutes les injuftices , tous les
diférens dégrez d'injuftice , & particulierement fur les motifs qui doivent
faire éviter les injuftices , lifte des injuftices , exemple des malheurs cauzez
par les injuftices pris dans l'hiftoire anciene & moderne.

4o. Un peu de tems de chaque jour
pour les exercices de bienfaizance ,
difputes , fcénes , lectures , recitations,
liftes fur les parties de la bienfaizance , exemples de la bienfaizance ré-
compenfée.

5o. Un peu de tems de chaque jour
pour exercer fur tout la patience envers ſes pareils, principale partie de la
bienfaizance, malheurs cauzés par l'impatience, récompenfes de la patience.

6o. Un peu de tems par femaine pour

juger les delinquans, & les coupables de certaines injustices.

7°. Un peu de tems par mois pour juger par scrutin, celui qui doit avoir la place de plus juste.

8°. Exercices journaliers de Religion 1°. sur la crainte & sur l'esperance religieuze. 2°. Veritéz speculatives à croire, formule de profession de foi & explication. 3°. Injustices à éviter de peur de déplaire à Dieu, & d'être condané à l'enfer. 4°. Bienfaizance à exercer, & sur tout, actes de patience religieuze, & de pardon des injures pour plaire à Dieu, & pour obtenir le Paradis ; montrer ces actes preferables de beaucoup aux longues priéres, & aux cérémonies religieuzes, à cauze de la plus parfaite imitation de Dieu pardonant & bienfaizant.

9°. Exercices des scénes vertueuzes selon les diférentes classes, faire écrire & repeter quelques endroits de ces scénes dans la chambre.

10°. Lecture des Romans vertueux, en faire conter & écrite quelques endroits dans la chambre.

Je mets au nombre des Romans vertueux, politiques & moraux, les Voyages de Telemaque de M. Fenelon Archevêque de Cambrai ; il faut que ces Romans soient les uns pour les basses classes, les autres pour les hautes ; il faut qu'ils contienent plus souvent des vertus récompensées, & des vices punis.

110. Lecture des vies des grands homes ou des grands Saints, apropriés à chaque classe, en conter, en écrire quelques endroits, leurs réponses ; quelque chose de propre à former une scène ou l'on fasse parler le principal personage avec action après la peinture, ou le recit, qui amene une situation interessante, ou le spectateur soit émû de crainte. Les scènes font toute autre impression que les recits simples.

12º. Exercices journaliers 1º. pour les propositions évidentes, 2º. pour les propositions plus ou moins vraisemblables, 3º. pour les propositions douteuzes, 4º. exemples des raizonemens justes, & des raizonemens inconsequens ; exemples de l'ordre, exemple du dèzordre dans les propositions.

13º. Ce qu'il y a de plus important,

dans la conoiſſance, que l'Ecolier peut aquerir des propoſitions vrayes, ou des veritéz des propoſitions fauſ-ſes, ou des erreurs des bons raizone-mens, ou des démonſtrations, des mauvais raizonemens, ou des ſofiſ-mes, c'eſt de conoître combien chacune de ces veritéz, & de ces démonſtra-tions eſt plus précieuze, plus dèzira-ble l'une que l'autre, & combien cha-que erreur & chaque fauſſe demon-ſtration eſt plus pernicieuze, plus haiſ-ſable l'une que l'autre.

Or tout cela ne doit ſe mezurer, que par raport à l'augmentation de ſon propre bonheur & du bonheur, de ſes Concitoyens, qui eſt le but de l'être bienfaizant.

Et delà on voit, que c'eſt une gran-de faute pour le maître d'enſeigner la conoiſſance d'un faït, d'une verité, d'une démonſtration, d'une ſience peu utile, tandis que l'Ecolier pouroit em-ployer le même tems, la même apli-cation, à en aprendre une autre, cent fois plus utile, en ſupozant, qu'il s'en faut plus des trois quarts qu'il n'ait le tems de tout aprendre ce qui a quelque utilité.

Il faut de même obſerver, qu'il y a des erreurs peu préjudiciables, dont il importe peu de détromper l'Ecolier tandis que l'on neglige de les détromper d'erreur cent fois plus importantes.

A propos d'erreurs & de menſonges, il faut montrer aux Ecoliers, que les Romans vertueux ne ſont ni erreurs ni menſonges, puiſqu'ils ne ſont point donéz come veritéz, ni come des faits exiſtans ou qui ayent exiſtés, mais ſeulement come des faits vraiſemblables, qui ſont purement poſſibles, & dont les peintures, & les narrations ſont utiles à bien aranjer nos idées, à nous faire bien juger de la valeur des actions, & à nous inſpirer du dèzir de pratiquer la vertu, & de l'horreur pour nous eloigner du vice.

Il faut de même avoir atention à faire bien juger les Ecoliers le long du jour de la valeur des actions entre elles, & des qualitéz entre elles, ſoit des Ecoliers, ſoit des homes faits, & même ſur la valeur de toutes les chozes qui ſe preſentent à comparer, & toujours par la regle de la divine

Providence, qui veut que nous ten-
dions toujours pour lui, non seulement à l'augmentation de notre bonheur, mais encore à l'augmentation
du bonheur de nos proches, & du
bonheur de nos Concitoyens.

Tous ces exercices regardent les
quatre plus importantes habitudes, &
doivent par conséquent emporter chaque jour au moins quatre heures de
cinq, ou huit heures de dix que l'E-
colier passe, ou avec son Regent dans
la classe, ou avec son Préfet dans la
chambre; or cette reflexion demon-
tre combien dans la pratique nos Regens s'eloignent du but de la meilleure Education, eux, qui de dix heures d'étude nous en font passer sept
ou huit au Latin, au Greq, à faire
des vers latins, & à nous dicter une
Retorique, ou une Logique presque
inutiles; eux, qui nous enseignent si
peu des arts & des siences plus utiles
que les langues.

OBSERVATION XV.

Sujets pour les Exercices journaliers
sur la cinquiéme habitude.

IL ne doit y avoir qu'environ deux ou trois heures par jour employées tant dans la claſſe, que dans la chambre aux exercices de cette cinquiéme habitude ; ainſi à peine y aura-t-il huit quarts d'heures employées à huit ſortes d'arts, de ſiences ou de langues diférentes ; mais comme il y aura de ces exercices que l'on ne reprendra que de deux jours l'un pour les varier davantage, le Regent poura ſouvent employer une demie heure à les fortifier ; en géneral il y aura du tems pour leur aprendre beaucoup plus de choſes qu'ils n'en aprenent preſentement depuis 7. ans juſqu'à 16. acomplis.

Il ne faut point de claſſes deſtinées à la Retorique, à la Logique, à la Fizique, aux Matematiques, aux langues, mais il faut dans chaque claſ-

ſe enſeigner toutes les ſemaines quelque choſe de toutes ces conoiſſances
dans chaque claſſe.

Suite des Exercices jour-
naliers.

Sur la cinquiéme Habitude.

Langues, Arts, Sienees.

1. EXercices pour mieux lire, &
pour mieux écrire dans les deux
plus baſſes claſſes de 7. à 8. ans, &
de huit à 9. ans dans la chambre.

2°. Exercice pour l'Aritmetique,&
pour conter avec les ietons dans la
chambre.

3°. Exercice pour une partie de la
Geografie proportionée à chaque claſſe.

4°. Dans la troiſiéme claſſe, ou dans
la claſſe de 9. à 10. ans, exercice de
la Grammaire ſur la langue maternelle, & un comencement de Retorique ou de regles de bien parler.

5°. Dèz la quatriéme claſſe de 10.
à 11. ans exercice de la langue latine.

6°. Dèz la cinquiéme claſſe de 11.

à 12. ans exercice de la compofition françoize ; exemple du beau en diférens genres ; exemples & obfervations fur le defectueux ; un peu plus de Retorique & de Fizique.

7°. Dèz les premiéres claffes quelque choze de l'Anatomie en figures de Cire ; quelque choze de Medecine fur tout pour la confervation de la fanté.

8°. Quelque choze du curieux & de l'utile de l'Aftronomie du Calendrier, le tout proportioné aux diferentes claffes.

9°. Quelque choze dans chaque claffe des effets naturels & des cauzes fiziques fur les effets de l'imagination, fur les fonjes, fur les plantes, Chimie, mécanique, felon les diférentes claffes, & plus dans les hautes claffes.

10°. Quelque choze de la Geometrie fpéculative & pratique, & de la navigation, du nivélement & de la bouffole.

11°. Partie de la politique, partie de la finance & du comerce, & moins dans les baffes & plus dans les hautes claffes.

12°. Partie de la Jurifprudence moins

dans les baſſes claſſes, plus dans les hautes.

13°. Partie de l'art militaire moins dans les baſſes, plus dans les hautes.

14°. Partie de l'hiſtoire générale, partie de la Cronologie par les principales époques, &c.

15°. Partie de l'Economique, vendre, acheter, tenir des livres de compte ; un peu de conoiſſance des vint ou trente principaux arts, viſite des manufactures.

16°. Exercices du corps, pour les faire avec graces, & avec adreſſe : quelque choze de la danſe, monter à cheval, faire des armes.

17°. Quelque choze de la Muzique & des inſtrumens.

18°. Quelque choze du deſſin & de la peinture, faire des plans, arpenter.

Il y a pluſieurs chozes à aprendre, qui ne ſont que pour les dernieres claſſes comunes, & d'autres, qui ne ſont que pour les premieres claſſes : mais tout cela ſera diſtingué dans la tablature, & dans les inſtructions de chaque claſſe qui ſeront perfectionées de tems en tems par le conſeil de l'Education sur les divers memoires, & les diverses experiences des Oficiers principaux des Coléges, il faut autant qu'il sera possible, que ces sajes instructions dispensent les principaux d'avoir bezoin pour Regens que de sujets d'un merite médiocre, c'est que l'excelent est trop rare, il faut un grand genie pour construire une belle machine, il ne faut qu'un genie mediocre, pour la conserver en mouvement.

OBSERVATION XVI.

Nul jour de conjé, nule vacance pour les Ecoliers, mais seulement pour les Regens.

EN supozant que l'Education est fort diversifiée, & que l'atention est fort soulagée par la diversité, & par la grande facilité de la métode de divizer tout ce qui est à enseigner dans les plus petites parties, come on divize la nouriture des petits animaux an tres petits morceaux, & des oi-

zeaux en petites miétes ; en fupofant
que les Regens ayent trouvé le fecret
de faire monter les enfans à chaque
habitude par les plus petits dégrés, &
en mêlant un peu d'hiftorique & de
fenfible au fpéculatif, un peu de difpute, un peu de déclamation, un
peu de fcènes durant chaque féance ;
l'inftruction ne paroitra prèfque aux
Ecoliers qu'un amuzement, ou qu'un
jeu continuel & diverfifié tandis qu'elle fera affés penible pour le Regent.

D'ailleurs outre les heures de jeux
& de divertiffement on leur donera
les jours de congé, ou à la place des
jours de conjé la conoiffance des arts
& des experiences, foit au dédans, foit
au dehors du Colege, & ce jour là
les parens pouront paffer une heure
ou deux avec les Ecoliers foit chès
eux, foit au Colege.

En fupozant d'un autre coté, que la
difcontinuation des exercices eft très-
fréjudiciable aux Ecoliers, je fuis d'a-
vis qu'il n'y ait jamais aucun jour entier fans exercice, fi ce n'eft pour le
Regent, ainfi il faut dans le Colege quelques Regens, & quelques Precepteurs de fuplement, qui, inftruits

de la métode, & de la tablature du
Regent & du Precepteur ou Préfet
de chambre ordinaire, continuent tous
les jours les éxercices diférens, ainfi il ne faut nules vacances, car deux
mois de vacance font la fixiéme partie du tems de l'Education, & c'eft
une grande perte fans conter le dégout des exercices & les mauvaizes habitudes que les enfans prenent
hors du Colege avec les valets: il faut,
que les Regens foient faits pour : les
Ecoliers & non pas les Ecoliers pour
les Regens.

S'il y a un Colege de douze cens
Ecoliers, il en faudroit faire deux :
mais il eft vrai, qu'il faudroit que l'Etat
y entretint des Regens & des Préfets de chambre, & des Regens &
des Preceptours de chambre de fuplement.

Je comprens bien que les parens
mal avizés, fur tout les meres, voudront avoir leurs enfans quelques fe-
maines avec eux a la campagne, &
qu'on ne les leur refuzera pas ; mais
afin que ces conjés foient auffi courts
qu'il fera poffible, il a falu montrer
aux parens, quel tort ils font à leurs

enfans , & combien ils en retardent l'avancement par ces vacances.

OBSERVATION XVII.

Sur les Langues.

1°. IL me paroit, que la conoissance des langues n'est gueres utile, qu'autant que les langues peuvent servir au comerce des marchandizes; car pour ce qui regarde lés siences & les arts nous avons très souvent de meilleurs ouvrajes en notre langue, soit originaux, soit de traduction, que dans les langues ancienes & étranjeres, & si l'état done des pensions & des gratifications seulement à neuf ou dix traducteurs, à mezure qu'ils traduiront les ouvrajes des anciens, & des étranjers, il y en aura bientôt vint autres, qui, dans le dessein de devenir pensionaires de l'Etat travailleront plus que les pensionaires mêmes aux traductions, nous avons présentement tous les bons Auteurs grecs & latins assez bien traduits pour notre uzaje, & dans cent

ans, il y aura d'autres traductions encore meilleures que les nôtres.

A l'égard du comerce des marchandizes, quelques uns de nous ont bezoin de favoir les langues vivantes de
nos voizins, & n'ont nul befoin des
langues mortes de nos anciens, il faut
donq fe borner dans les premiéres
clafies à la fimple traduction du latin, mais à l'égard des Eclefiaftiques,
des Medecins & des Magiftrats, c'eft
à eux dans leurs Ecoles particulieres
a s'y exercer d'avantage, & à y aprendre les uns du Greq, les autres de
l'Hebreu, car pour les huit ou neuf
clafies de l'Education géneraie & comune à tous les enfans, ils n'ont befoin que d'entendre le latin avec un
peu de facilité, & un jour viendra
même que nous fentirons, que nous
aurons moins bezoin de favoir les langues mortes, que le Malabarois ou
l'Arabe.

Or fi dans nos huit ou neuf premiéres clafies comunes à toutes les
profeffions, compris les deux ou l'on
en feignera plus de Fizique & de politique, nous diminuons les trois quarts
du tems que l'on employe prefente-

ment au Latin, & ſi tout s'y enſeiſ-
gne en langue vulgaire, il eſt evident,
que ce tems epargné poura être em-
ployé à enſeigner des choſes incomparablement plus utiles, ſoit pour les
mœurs, ſoit pour les arts, ſoit pour
les ſiences, & que tout s'enſeignera
avec beaucoup plus de facilité & d'a-
grément, tant pour les Maîtres, que
pour les Ecoliers, que ſi on conti-
nuoit à faire les leſſons en latin.

2°. Nous avons bien plus bezoin de
ſavoir ou un peu d'Anglois, ou un
peu d'Holandois, ou un peu d'Eſpag-
nol, ou un peu d'Allemand tant pour
la négociation des affaires étrangeres,
que pour le comerce des marchandi-
ſes, que nous n'avons bezoin du latin.

30. Comme il eſt bien plus facile
d'enſeigner l'Anglois aux Franſois en
ſe ſervant de la langue Françoize, il
me paroit ridicule que ceux qui nous
enſeignent le latin nous parlent latin,
au lieu de nous parler Francois.

Il eſt ridicule d'enſeigner les arts
& les ſiences dans une langue étran-
jere, car c'eſt une folie viſible, que d'avoir
plus d'arention à enſeigner des langues
que les choſes mêmes, puiſque ce n'eſt

que pour aprendre plus facilement les choſes mêmes, c'eſt à-dire les arts, les ſiences, & les faits anciens, que l'on aprend les langues ancienes.

4°. Il ne faut pas prétendre aprendre parfaitement aucune de ces langues au Colege, mais ſeulement en aprendre un peu, ſauf à s'y perfectionner avec le ſecours du dictionaire à mezure que l'on en aura bezoin chacun dans ſa profeſſion : il vaut bien mieux, que les Regens enſeignent des choſes à leurs Ecoliers, que des mots, qui ne donent nule idée nouvelle, nule conoiſſance nouvelle, il eſt ridicule de paſſer beaucoup de tems à enſeigner à fonds à 50. ou 60. Ecoliers une langue dont pas un ne fait uzaje, que pour l'entendre & non pour écrire durant le cours de leur vie ; tandis que l'on peut employer ce même tems à perfectionner ces enfans dans des conoiſſances dont ils font uzaje tous les jours, Hiſtoire, Geografie, Cronologie, Fizique, Arts Mecaniques, Arts Liberaux, Muzique, Anatomie, Medecine, Chimie, Juriſprudence, Morale, Religion, Politique , Arts Militaires , Navigation , Géometrie , Aritmetique.

5°. On peut en enseignant les langues aux enfans choisir certains morceaux d'Eloquence , certains endroits de quelques siences ou de quelques arts curieux & utiles , afin que la beauté du sujet les invite à bien entendre ce qu'ils lizent , & on leur aprendroit , ainsi en même tems, & des mots & des choses.

6°. Avant que d'enseigner les langues ou mortes ou vivantes , il est à propos d'enseigner à l'Ecolier sa langue naturelle par regles de grammaire , les genres , le masculin , le feminin , le substantif , l'adjectif , le verbe , le tems , l'adverbe &c. Parcequ'il aprend a facilement les observations de Grammaire de sa langue , & quand il y sera acoutumé il aprendra beaucoup plus facilement la grammaire du latin à cauze de l'Analogie , & de la ressemblance , qu'il y a entre les grammaires.

Je tiens ces deux dernieres observations du R. P. de Tournemine Jesuite , qui est du nombre de ceux qui désirent fort dans l'Etat un conseil au-

torizé à perfectionner l'Education
publique.

70. Ainfi les Ecoliers aprendroient
la langue maternelle par regles dés la
troifiéme claffe de dix à onze ans, car
je nome premiére la plus baffe claffe,
& ils comenceroient à aprendre à
traduire un peu de latin dans la quatriéme claffe jufqu'à la derniére, dans
laquelle on enfeignera ce qu'il y a de
plus élevé dans les arts & dans les
fiences ; car mon avis eft que l'on enfeigne aux enfans dans les huit ou
neuf claffes, quelque chofe de tous les
arts & de toutes les fiences, mais le
plus aizé dans les plus baffes claffes,
& le plus dificile de ces arts & de ces
fiences dans les plus hautes.

OBSERVATION XVIII.

Vies des grans homes, des grans Saints.

J'AI veu des enfans qui, dés douize
ou traize ans, prenoient un très
grand plaifir à lire la Vie des Hom-

mes illuftres , de Plutarque & de quelques autres Auteurs ; tel étoit un de mes freres , qui employoit avec joye l'argent de fon mois deftiné à fes menus plaifirs à prendre à louage de pareils livres ; ainfi je cioi 1°. que l'on devroit métre la vie des grans Homes & des Homes illuftres entre les mains des enfans de 13. ans , mais il faudroit les écrire exprès pour eux, & pour la portée de leur intelligence, 2°. Il faudroit fur tout dans les hautes claffes leur faire bien remarquer la grande diférence qui eft entre grand Homme & Homme illuftre , entre grand Home & grand Saint. 3°. Il faudroit les acoutumer à les comparer par parties & en total, & à difputer fur les comparaizons, rien n'eft plus propre qu'une pareille lecture à dôner de l'élevation à l'ame des enfans , & à leur infpirer plus de dèzir d'aquerir des talens & des vertus utiles à la Patrie.

On fait lire quelquefois aux enfans la vie de quelques Homes illuftres, mais il faudroit que ce fût 1°. pour leur faire remarquer les motifs des entreprizes , 2°. les dificultés des entreprizes , 3°. les talens , le couraje , la conſtance neceſſaire pour ſurmonter ces dificultés , 4°. la grande utilité & le grand ſuccés de ces entreprizes , 5°. les fautes & les défauts de ces homes illuſtrés , 6°. les dégrez diferens d'éſtimable dans leurs actions : au lieu de ces obſervations, on s'amuze à leur faire faire des obſervations ſur l'elegance de la langue, ſur l'éloquence de l'écrivain , ſur des figures de Rétorique , ſur la Cronologie , ſur la Geografie , ſur les Généalogies & ſur d'autres ſujets incomparablement moins utiles ; les Regens perdent de vûe le principal but de l'Education pour ocuper leurs Ecoliers à des bagatelles.

Omiſſions.

1°. M. Coffin , Principal du Colege de Beauvais a fait imprimer deux tomes d'excelentes collections en latin , l'un des hiſtoires & des paſſages de l'écriture , l'autre des hiſtoires & des paſſages des Auteurs profanes , qui peuvent inſpirer des ſentimens vertueux , on devroit les faire entrer

dans la pratique de l'étude journaliere des hautes claſſes.

2°. Parmi ces exercices ie conte les
prieres comunes que l'on fera aux
diverſes heures du jour. Les Regens dans
leurs reflexions apuyeront ſouvent ſur
le paſſage du Pater, *Dimitte nobis ſi-
cut & nos dimittimus.*

3°. J'ai lû avec plaiſir les obſervations de M. Rolin, & ſur tout les
beaux paſſajes des auteurs éloquens qu'il
cite, il me ſemble, que les Regens de
diverſes claſſes peuvent en faire un
très bon uzaje pour doner à leurs E-
coliers l'idée de la vraie Eloquence,
s'ils leur montrent les mêmes penſées
écrites d'une maniere plate, ſeche &
comune, car c'eſt particuliérement la
comparaiſon, qui rend les diferences
plus ſenſibles.

*Ceci doit être mis au nombre des exer-
cices journaliers dont j'ay deja parlé obſervation 17.*

OBSERVATION XIX.

Vrai & faux ridicule, dégrez du ridicule.

UNe des grandes peines où les hommes soient sujets, c'est le chagrin que cause la moquerie, sur tout, quand elle est fondée : mais comme souvent elle est très mal fondée, il faut donner à l'Ecolier par diverses exemples l'habitude de discerner le vrai ridicule du faux ridicule, afin qu'il sache éviter la moquerie bien fondée, & méprizer & même se moquer de ceux qui ne conoissent pas ce qui est veritablement, ou méprizable, ou ridicule.

J'ai fait quelques observations sur ce sujet.

OBSERVATION XX.

Tablature, instruction & livres classiques.

JE voudrois que le bureau fit composer, & perfectioner de tems en

tems les tablatures de chaque claſſe,
qui contiendroient les inſtructions,
les pratiques, les lectures, les ſcènes,
les rèfléxions jour pour jour que l'on
feroit dans chaque claſſe & dans chaque chambre partajée par mois, par
ſemaines, & ſouvent par jour de chaque ſemaine, depuis le comencement
de l'anée juſqu'à la fin.

Je comencerois dans ces climats l'a-
née Colegiale au premier de Mai, à
cauze des petits enfans, qui comencent la premiere claſſe.

Cette premiere claſſe ſeroit depuis 7.
ans juſqu'à 8. la ſeconde depuis 8.
ans juſqu'à 9., la troiziéme depuis 9.
ans juſqu'à 10. la quatriéme où l'on
aprendroit ſa langue matérnelle par
régles depuis 10. ans juſqu'à 11. la
cinquiéme où l'on comenceroit à a-
prendre du latin depuis 11. juſqu'à
12. la ſixiéme depuis 12. ans juſqu'à
13. la ſeptiéme depuis 13. juſqu'à 14.
& la huitiéme depuis 14. juſqu'à 15.
la neuviéme comune à tous les Ecoliers depuis 15. juſqu'à 16. ans.

On ſupoſe que les enfans de ſept
ans ayent déja apris un peu à lire &
à écrire avant que d'entrer au Colege.

qui

Ce livre de tablature pour chaque claſſe feroit partajé en 12. tomes pour les 12. mois; chaque claſſe auroit ſon livre imprimé, & le Bureau de l'Education auroit ſoin de rectifier ces livres à toutes les Editions, & de faire obſerver dans l'état, le plus d'uniformité qu'il feroit poſſible dans la métode de l'Education des Coleges, en ſupoſant, que par les diverſes experiences, le Bureau feroit inſtruit de la meilleure de celles qui feroient conües alors.

OBSERVATION XXI.

Renvoi á la claſſe inferieure.

ON ne gouverne les hommes, & par conſequent les enfans que par l'apas du plaiſir préſent ou prochain, ou par la crainte de la douleur préſente ou prochaine, ou par l'eſperance du plaiſir plus éloigné bien vivement peint, ou par la crainte de la douleur eloignée bien vivement peinte.

N

La douleur & le plaifir ne fe peig-
nent point vivement pour ceux qui
n'en ont rien fenti, il faut que la
peinture pour être vive foit proprement une reminiffence des fentimens,
des plaifirs ou des douleurs, que l'enfant a déja fentis.

L'enfant prend divers plaifirs dans
l'étude 1°. en voyant, en découvrant,
quelque chofe de nouveau, 2°. en ef-
perant que cette conoiffance fterile
en plaifir, d'elle même lui procurera
tel plaifir dont il a l'idée, come peut
être le plaifir de la gloire d'avoir fur-
paffé fes camarades; c'eft le plaifir de
l'émulation qui eft le plaifir qu'ils trouvent dans les jeux d'adreffe, où il y
a quelque loüange, quelque diftinction à efperer.

L'enfant étudie quelquefois par
crainte de la punition, & alors l'é-
tude eft bien moins bone, que l'é-
tude, que fait faire le plaifir.

Il étudie quelquefois par crainte
de la honte d'être furmonté par fon
camarade.

Quand un enfant n'avance point,
ne fait aucun progrés dans aucune des
cinq habitudes, c'eft une preuve d'in-

aplication , & l'inaplication vient de défaut ou de plaifir actuel, ou de défaut de peine actuelle, défaut de dèzir du plaifir avenir ou défaut de crainte de douleur future.

Quand l'enfant demeure derriere il faut au bout de trois mois le remettre à la claffe d'où il avoit monté; il ne faut pas atendre la fin de l'année parcequ'il perdroit le tems qu'il ne pouroit pas fuivre les autres. C'eft une maniere de piquer les Ecoliers & d'augmenter leur aplication par la crainte d'être du nombre des renvoyés.

Renvoyer ainfi à la claffe inferieure, c'eft un moyen d'égaler à peu près les efprits tardifs aux efprits avancés, & un moyen d'empêcher les efprits tardifs de perdre leur tems dans une claffe trop forte pour eux.

OBSERVATION XXII.

Pratique des vertus religieuzes.

IL faut fimplifier les inftructions fur la Religion 1°. Il faut enfeigner ce qu'il faut croire en détail, & cela est contenu dans l'ancien formulaire du *Credo*, & croire en géneral come la societé des fididêles de la Comunion Romaine du Coneile de Trente.

2°. Il faut enseigner ce qu'il est nécessaire d'éviter de peur de déplaire à Dieu, & d'être condané à l'enfer; telles sont principalement les injustices sur tout quand elles ne sont pas reparées.

3°. Il faut enseigner ce qui est nécessaire de faire pour plaire à Dieu, & pour obtenir le Paradis; telles sont principalement toutes les œuvres de bienfaizance, & entre autres les actes de patience, qui contre balancent nos injustices, & qui, en vertu de la promesse & de la grace de Dieu, le Fils notre Redepteur, nous done un droit à une vie délicieuze & éternelle, voilà en substance tout l'essentiel de la Religion.

Il faut faire remarquer aux enfans que les longues prieres & les cérémonies sont de bones euvres, qui ont leur merite & leur efficacité pour le salut; mais que soufrir patiemment des injures, & pardoner par le désir de plaire à Dieu, eſt ce qu'il y a de plus agréable à Dieu : & cela 1°. parceque le dégré de peine que l'on ſoufre, montre le dégré du dèzir de plaire à Dieu : 2°. Parcequ'il revient de notre pardon de grans avantages à ceux qui nous ont ofenſé : 3°. parceque nous ne ſaurions jamais reſſembler davantage à Dieu, qu'en pardonnant les ofenſes puiſqu'il nous pardone tous les jours tant d'ofenſes : 4°. parceque Dieu doit toujours être le modèle de la perfection humaine, & que le culte le plus agréable qu'on puiſſe lui rendre, c'eſt de tacher de lui reſſembler par la bienfaizance, qu'il ne ceſſe de nous recomander, & qu'il ne ceſſe d'exercer envers nous & ſur tout en nous pardonant dès que nous nous repentons.

Or avec ces principes ſaints & ſublimes, on n'a point à craindre que la vraye dévotion & la véritable religion dégénere jamais en fanatiſme, en ſuperſtition, en farizaïſme, en quietiſme, diférentes eſpeces de folie, qui font que l'homme ſuperſtitieux ſupoſe le culte le plus parfait dans des pratiques bien moins parfaites, & ima-

gine dès pechéz où il n'y en a point
& n'en voit point où il y en a de
très grands:

Tels étoient les Empereurs payens,
qui n'imaginoient point de pechéz
dans les injustices & dans les cruelles
persecutions qu'ils faisoient soufrir
aux anciens crétiens par zèle pour
leurs opinions, pour leurs pretendues
veritéz, & pour faire rendre à Dieu
le culte abominable fondé dans la
persecution des hommes : tel étoit l'a-
veuglement, tels étoient les excès où
les conduisoit le fanatisme faute de savoir que la perfection, & que le culte
le plus parfait, consistoit à imiter la
bienfaizance divine envers tous les homes, qui sont de bone foi dans diverses ignorances, & quelquefois dans
diverses erreurs.

On peut dire en general, que quand
on croit que les principales pratiques de religion consistent dans la
pratique de la justice, depeur de déplaire à Dieu, & dans la pratique de
la bienfaizance, pour plaire à cet ê-
tre souverainement parfait & pour l'i-
miter de la meilleure maniere qu'il
soit en notre pouvoir, on ne sauroit

Jamais avoir trop de crainte de l'enfer, & trop de dèzir du Paradis, c'est-à-dire trop de religion soit pour son propre bonheur, soit pour le bonheur de la societé : ainsi c'est particulierement dans l'habitude plus ou moins grande de crainte des douleurs de la seconde vie, & dans l'habitude plus ou moins grande d'esperance des plaisirs immenses & éternels, que consiste le plus ou le moins de religion de chaque homme, de chaque Ecolier.

Or il n'y a persone qui ne conviene que la religion divine, & même les simples religions humaines, qui enseigneroient ces veritéz, ne soient très-dèzirables pour rendre cette premiere vie, très hureuze, suivant l'intention de l'être bienfaizant.

De là on voit, que l'Education qu'on a doné jusqu'ici aux enfans n'a pas été à beaucoup prèz assez religieuze, c'est à-dire assez pleine de craintes, de punitions, & d'esperances de récompense après la mort ; au lieu, que l'on ne sauroit jamais inspirer aux enfans trop de religion, c'est-à-dire de crainte de faire le mal & trop de dèzir de faire le bien.

N iiij

Les fariziens, qui étoient proprement ceux qui se piquoient de devotion & de perfection, parmi les juifs se trompoient lourdement en croyant l'observation des cérémonies & les longues prieres des moiens aussi efficaces pour plaire à Dieu que l'observation continuelle de la justice, & la pratique journaliere de la bienfaizance.

Cela vient de ce qu'ils n'avoient pas l'idée de Dieu comme d'un être souverainement juste & bienfaizant, mais comme d'un homme très-imparfait, qui aime qu'on le loüe toûjours, & qu'on lui fasse beaucoup de reverences, de complimens, de sacrifices, & si l'on y prend garde, ce qu'il y a de mauvais dans les religions humaines, ne vient que de ce que les superstitieux font Dieu semblable à l'home imparfait ; ainsi tout fanatisme, toute superstition vient de la fausse idée de l'être parfait.

S'ils avoient eu de Dieu une idée asséz noble, asséz élevée, ils auroient senti que les cérémonies & les longues priéres ne pouvoient lui plaire qu'autant qu'elles pouvoient avoir d'efficacité pour leur faire aquerir l'habitude à observer la justice & la bienfaizance envers tout le monde ; or il n'y a persone qui ne voye que cette éficacité des longues prieres , & des diverses cérémonies est très-petite en comparaizon de la pratique même de ces deux vertus religieuzes.

C'étoit cette erreur qui faizoit le fonds & la source de leur fanatisme, & de leurs diverses superstitions, qui loin de les porter à l'observation de la justice & à la pratique de la bienfaizance les portoient souvent à l'injustice ; temoin leurs persecutions contre les crétiens , qui avoient compris le peu d'éficacité dont etoient leurs sacrifices , leurs longues prieres & leurs autres nombreuzes cérémonies en comparaizon de la pratique de la charité, qui comprend la justice & la bienfaizance pour plaire à Dieu.

OBSERVATION XXIII.

Coléges complets.

C'Eſt proprement au ſortir de la derniere claſſe comune à tous les Ecoliers, que chacun s'aplique uniquement aux conoiſſances plus particulieres de la profeſſion qu'il a choiſie ; or j'apele Colége complet celui où ſont non ſeulement les huit ou neuf claſſes comunes pour comencer à daner des idées générales néceſſaires dans toutes les profeſſions, mais où l'on trouve encore des claſſes particulieres pour les cinq profeſſions particulieres que nous conoiſſons.

Ceux qui ſortiroient de la derniere claſſe comune des diferens petits Coleges non complets, ou de Paris ou des Provinces, viendroient peupler les claſſes particulieres que l'on entretiendroit dans les Coleges complets.

1°. La claſſe où l'on enſeigneroit la négociation, le comerce & les finances.

2°. La claſſe de la Magiſtrature où l'on enſeigneroit les loix de l'état & les regles de la juriſprudence.

3°. La claſſe de la guerre de terre & de mer, où l'on enſeigneroit les fortifications, la navigation, les exercices militaires.

4°. La claſſe du Clergé pour aprendre ce que les ecleſiaſtiques doivent enſeigner aux peuples de ſpeculation & de pratiques néceſſaires pour le ſalut.

5°. La claſſe de la Médecine, Anatomie, Chirurgie, Chimie, Botanique.

Il faut dans ces claſſes particulieres joindre toûjours aux conoiſſances de la profeſſion, les pratiques, les maximes, les hiſtoires, les exemples de l'injuſtice punie, & de la bienfaizance récompenſée, il faut y joindre des réfléxions qui ſervent à perfectionner le diſcernement ſur la bonne gloire, ſur la gloire frivole ; on n'a pas juſqu'à preſent fait aſſéz d'atention, que le grand genie, qui n'a point de droiture, c'eſt-à-dire qui ne va point à la juſtice, à la bienfaizance, & à la plus grande utilité publique, fait beaucoup moins de bien à fa patrie, que pareil génie, & même qu'un moindre génie qui a plus de droiture ; fouvent même ces grans génies, lorfqu'ils n'ecoutent que leur interêt particulier cauzent de grands maux à leur patrie ; tels furent autrefois Catilina, Cezar, Spartacus, tels ont été les héreziarques dans l'Eglize.

Si je demande, que ces claffes de profeffions particulieres fe trouvent dans le même Colege, c'eft qu'il eft dongereux que les Ecoliers qui en fortiront ne fe debauchent, & ne fe puiffent plus affujetir àux heures de travail & à la difcipline du Colege, & qu'ils perdent ainfi faute de répétitions fufizantes, ce qu'ils ont aquis d'habitudes fur les quatre poincts principaux de l'Educarion.

OBSERVATION XXIV.

Formation d'un Colege.

SI un Prince vouloit eriger un Colege complet, il feroit à propos que quelques anées auparavant il comç poſat un conſeil tant pour guider l'architecte, que pour diriger les Regens futurs, & pour leur faire a tous diſpoſer leur travail & leurs fonctions: mais en atendant chacun des Coleges particuliers peuvent profiter de ces reflexions ; c'eſt ici proprement un canevas tout tracé ſur lequel gens plus habiles que je ne ſuis dans les détails des Coleges peuvent travailler & perfectionner ainſi cet ouvraje par de nouvelles obſervations.

S'il y avoit à Paris trois ou quatre Coleges complets, où l'on reçût 30. ou 40. pauvres penſionaires gratis aux dépens du Roi, & de l'état, mais d'un excelent eſprit & d'un excelent naturel, que l'on choiſiroit dans chaque Colege de 500. Ecoliers tour à tour à la pluralité des voix des Regens ; ce choix, ce *gratis* metroit dans les Coleges de province une grande emulation parmi les Ecoliers pauvres, ſoit nobles, ſoit non nobles : cette métode peupleroit les Coleges complets, dans les hautes claſſes, d'excellens eſprits, & beaucoup plus diſciplinables.

J'apele ici pauvre l'enfant, qui ne

peut pas efperer cinquante onces d'argent de revenu de patrimoine.

A l'égard de la dépenfe nécéffaire
pour perfectionner les Coleges. des
grandes & des petites viles, chaque fouverain peut permètre à chaque vile de
lever un tribut fur l'entrée des boif-
fons, des beftiaux, ce qui fe pratique déja pour les hôpitaux.

Les Coleges où la tête de la nation
prend de fortes habitudes vertueuzes
& religieuzes pour augmenter le bonheur de toute la nation, merite, ce
me femble, du moins autant que les
hôpitaux ; car enfin que fait le gouvernement en permetant à toutes les
viles de femblables octrois, finon de
leur permetre d'employer partie du
revenu des habitans à l'ouvrage le plus
important pour le bonheur de la nation : je propofe encore d'autres moiens
d'augmenter les revenus des Coleges &
des hôpitaux dans un mémoire feparé,
mais la plupart ne font praticables que
dans les états Catoliques Romains, où
l'Eglife & l'Etat peuvent confpirer &
employer de concert leur autorité à
faire employer aux euvres les plus
faintes, les plus pieuzes, les plus é-

difiantes, aux euvres les plus utiles aux fideles morts & vivans, les revénus donéz par ces mêmes fideles à l'Eglize, puifqu'ils n'ont jamais eu d'autre intention, que de procurer en plus grand nombre les œuvres les plus utiles à eux & à l'Eglife, & les plus agréables à Dieu pour en obtenir de plus grandes recompenfes, *ad perfectiorem Dei cultum, feu ad majorem totius Eccefiæ utilitatem.*

OBSERVATION XXV.

Acoutumer les Ecoliers à juger les coupables.

UNe des chozes qui éloignera le plus les Ecoliers de comètre des fautes confidérables contre la juftice, c'eft de les acoutumer à juger entre eux les délinquans en préfence & fous la préfidence du Regent, l'apareil ferieux du jugement, le choix de fept juges parmi les pairs ou pareils du coupable, le difcours ou raport du Regent, tout cela leur donera une nouvelle atention, & les éloignera davantage de pareilles fautes & leur fera faire beaucoup plus de réfléxions fur leur propre conduite, ce qui augmentera en eux l'habitude à la prudence & à la juftice.

OBSERVATION XXVI.

Préfervatif contre les illufions & contre les maximes contagieuzes du monde corompu.

CEux qui s'enivrent ou d'ambition pour les places elevées ou de la forte de confideration que done la dépenfe, ou des illuzions de l'amour ou des charmes de la table, ou du plaizir du jeu, tous ont des maximes qui leur font propres ; ce font des propofitions où il y a un peu de vérité & beaucoup d'illuzion ; òr il eft à propos fur tout dans les dernieres claffes de déveloper aux Ecoliers, ce qu'il y a de vrai & ce qu'il y a de faux, de réel, d'illuzoire dans ces propofitions, dont ils font durant une
partie

partie de leur vie la baze de leur
conduite, afin que lorfqu'ils entreront
dans le monde ils puiffent plus facilement voir en quoi fe trompent chacun de ces perfones yvres qu'ils rencontrent, & éviter ainfi les malheurs
que produizent les mauvais exemples.

Les illuzions de ces diverfes paffions
font d'autant plus feduizantes qu'elles font acompagnées de quelque réa-
lité, l'homme eft fujet à trois ou quatre diférentes yvreffes, mais il â des
intervales de raizon & c'eft dans ces
intervales, qu'il poura faire uzaje des
fajes préceptes, & des vérités falu-
taires, dont il aura entendu parler
dans les bons Coleges durant fon E-
ducation.

En général il faut prévenir l'Ecolier prêt à fortir du Colege fur les
mauvais exemples, fur les maximes
fauffes & feduizantes qu'il va trouver dans le monde corompu, il faut
lui en faire des peintures dans les
dernieres claffes, & lui montrer ce
qu'il y a d'illuzoire fur la durée des
plaifirs, & ce qu'il y a de réel fur
les malheurs où précipitent ces forte:
d'ivreffes & ces fauffes propozitions.

tels doivent être les préſervatifs contre l'air corompu , contre les maladies contagieuzes de l'ame.

OBSERVATION XXVII.

*Sur l'atention que l'on doit avoir
pour les enfans avant qu'ils entrent au Colege.*

LA bone Education du Colege dé-
truira à la longue les mauvaizes
habitudes prizes par les enfans avant
l'âge de ſept ans , & cela par la pratique des bones ; mais cependant il eſt
vrai qu'ils feroient en moins de tems
un plus grand progréz dans les bones , ſi dans la premiere enfance on
ne leur en avoit pas laiſſé prendre de
mauvaizes.

Voici donq quelques réfléxions pour
pérféctionner l'Education que l'on
peut doner aux enfans avant l'âge de
ſept ans acomplis , qui eſt l'âge , ou
ils ont comunement aſſés de ſanté &
de force pour ſoutenir la vie du Colege.

Dès trois ou quatre ans les enfans peuvent comencer à lire, à écrire, à bien prononcer & comme à cet âge ils comencent à juger & qu'ils se reſ-souvienent vieux de certains evene-mens de l'âge de trois ou quatre ans, on peut penser, que, lorsque cet âge eſt arivé, il eſt tems de comencer à doner quelque culture, & quelque exercice à leur raizon naiſſante.

On a tort d'abandoner comme l'on fait ce premier âge a des femmes igno-rantes ou à de ſimples domeſtiques, ou à des Maîtres à lire & à écrire, qui ne ſavent rien de plus que leur métier.

Il faut ſur tout comencer à repri-mer, à blamer, à punir les premiers comencemens des vices, & à loüer devant eux les vertus & particuliére-ment l'obéiſſance, qui doit être la vertu particuliere de l'enfance.

Les Princes & les grans Seigneurs ont les moyens d'atacher à leurs en-fans de quatre ans des Précepteurs ſâjes, habiles, raizonables, qui peu-vent, pour ainſi dire, diriger les fem-mes & les domeſtiques, qui enviro-nent l'enfant de maniere que ſans conſpirent au même but & que les diſcours & les exemples des uns ne détruizent pas ce que les autres ont ſemé de bon dans l'eſprit de l'enfant; mais comme je parle pour le plus grand nombre, qui n'ont pas aſſez de revenus pour bien payer un homme de merite aupres d'un enfant de quatre ans, j'adreſſe mes reflexions aux Péres & aux Méres pour en inſtruire les domeſtiques, qui auront ſoin de leurs enfans, ſur quoi je ferai ſeulement trois remarques principales.

I.

Mettre en euvre le dézir des loüanges.

LEs enſans dézirent d'être loüéz & il les faut loüer pour s'en faire aimer & pour les diriger par ce plaiſir vers la vertu, mais il faut bien prendre garde à ne les loüer que pour des choſes vrayment loüables, & jamais ſur leurs habits, ſur leur figure, ſur les richeſſes, ſur la nobleſſe de leurs parens, ſur les beaux equipages &c.

1°. Quand ils se repentent d'avoir mal fait. & qu'ils prénent la resolution de se coriger, il faut les loüer.

2o. Il faut les loüer quand ils obéissent de bone grace, & il faut leur faire entendre qu'on ne leur comande que pour leur procurer des plaisirs avenir.

3o. Il faut les loüer quand ils ont mieux réussi à leur étude un jour qu'un autre, mais sur tout loüer en cela, leur pronte obéissance dans un âge, ou ils ne peuvent pas encore conoître par eux mêmes, ce qui leur est plus utile pour les rendre un jour plus hureux.

4o. Il faut les loüer quand ils ont dit la vérité malgré le dézir d'être loüés pour choze qu'ils n'ont point faite, ou malgré la crainte d'être réprimandés pour le mal qu'ils ont fait.

5o. Il faut les loüer quand ils ont tâché de rendre plaisir pour plaisir, honeur pour honeur, politesse pour politesse, ce qui est justice.

6o. Il faut les loüer beaucoup quand ils ont pardoné des ofenses.

7o. Il faut les loüer quand ils ont fait des prévenances de politesse qu'ils

ne devoient point, ce qui eſt bien‑
faizance.

80. Il faut les loüer quand ils ont
marqué de ſoulager les pauvres ,
les malhureux , enfin il faut les loüer
ſur tout ce qui eſt vertueux.

I I.

Mettre en œuvre la crainte de la honte.

LA même providence qui fait ſen‑
tir du plaiſir aux enfans dans les
loüanges pour les atirer vers la vertu,
leur fait ſentir de la douleur à être
haïs, moquéz & mépriſéz, c’eſt une
eſpéce de frein avec lequel il faut les
empêcher de tomber dans les vices,
mais les domeſtiques mal élevés eux
mêmes les blament ſouvent de très pe‑
tites fautes, & d’un ton fort élevé,&
ne leur diſent prèſque rien des plus
grandes.

Il faut donq garder les termes, les
tons & les maniéres du plus grand
mépris.

1°. Pour les éloigner de l’impeni‑

tence , & de l'opiniatreté dans le mal.

2°. Pour les éloigner de la dèzo-béïssance.

3°. Pour les éloigner du mensonge.

4°. Pour les éloigner de la colere , & de l'injustice.

5°. Pour les éloigner de l'impoli-tesse.

6°. Pour les éloigner de la vanjan-ce.

7°. Pour les éloigner de l'ingrati-tude.

Il faut bien prendre garde d'employer les mêmes tons pour de petites fautes d'imprudence.

III.

Mettre en œuvre le plaisir d'enten-dre conter des histoires, dans les-quelles ils se plaizent à étre a-gitez de la crainte & de l'espe-rance.

LA même providence a doné aux enfans un grand plaizir à enten-dre conter , & je voi avec peine que nous n'avons point encore de contes propres à intereſſer les enfans, & à les conduire inſenſiblement par des peintures vives à éſtimer, à loüer les talens & les vertus a proportion de leur grandeur, à méprizer & haïr les actions vicieuzes à proportion qu'elles ſont haiſſables.

J'eſpére, que quelques bons Citoyens Filoſofes moraux, qui auront le talent de bien conter & de bien peindre, nous doneront un jour des récueïls de petits Romans vertueux, la plûpart de nos papiers bleus, de nos contes de fées, de nos contes ou Arabes ou Perſans ſont plus propres à doner de fauſſes idées, ſoit des vices, ſoit des vertus, ſoit même de ce qui eſt vrayment mépriſable & vrayment ridicule qu'à en doner des idées juſtes dans ces écrits, le vrai, le bon y ſont trop mêlés de faux & de mauvais.

Je voudrois, que les bons Auteurs de ces récüeils fuſſent ſi bien récompenſés, qu'il fût permis à tout libraire de les réimprimer perfectionés ou augmentés avec ſimple permiſſion du Magiſtrat, mais toûjours ſans aucun privilege excluzif afin pu'ils fuſſent à ſi bon marché que chaque famille, en peut avoir pluſieurs à bon marché.

Alors on doneroit pour récompen-ſe aux enfans un ou deux contes, ſur leſquels on raizoneroit devant eux a-vec exclamation de la beauté des ac-tions fort vertueuzes, & avec des tons d'horreur ſur toutes les actions cri-minelles; car les enfans entendent bien mieux l'expreſſion des tons que la ſignification des paroles, & les tons font grande impreſſion ſur eux.

Il faut ſur tout que les domeſti-ques évitent de leur faire des contes d'eſprits, de revenans, de ſorciers, de Magiciens; en fait de fables, il ne leur en faut conter que de vertueu-zes & d'utiles : on peut emprunter les noms anciens de l'hiſtoire; pourvû qu'il n'y ait rien de contraire aux caractéres des principaux perſonages, il ne faut jamais rien conter qui puiſ-ſe leur faire craindre les fantomes ou les autres imaginations qui' ont, du-rant le calme de la nuit, une force ſufizante pour les éfrayer.

OBSERVATION XXVIII.

Domestiques du Colege.

JE voudrois, que les domestiques les plus importans des Coleges, qui sont gouvernéz par des Religieux, fuffent auffi Religieux laics, en habit court & choizis entre les domestiques les plus laborieux, entre les plus patiens, entre les plus atentifs, & sur tout, entre les plus silençieux pour le service des Ecoliers; ils ne pouroient doner que de bons exemples & de bones maximes aux enfans, au lieu que les domestiques séculiers, qui ne sonjent qu'à sortir du Colege, sont souvent tout le contraire.

Les Religieux, qui renoncent à la richeffe, & même à la proprieté, qui sont acoutumés à vivre très sobrement, très frugalement, & à une très petite dépenfe, me paroiffent pour gouverner les Coleges préferables aux féculiers qui s'atachent moins au Colege, parcequ'ils envizajent souvent de le quiter un jour, & negligent le bien publiq penible pour ne fonjer qu'à leur bien particulier ; mais cependant il faut quelques Coleges féculiers, & beaucoup plus des réguliers pour entretenir entre eux une émulation très-avantajeuze au publiq.

OBSERVATION XXIX.

Regens non affujetis au Breviaire.

JE fuis du nombre de ceux qui aprouvent fort les ftatuts des Religieux de la charité par lequel les fuperieurs & les Religieux peuvent n'être pas Prêtres, & par confequent, ne font pas affujetis à paffer deux heures par jour à réciter le Breviaire. Il eft certain que ces deux heures emploiées à confoler, à inftruire, à foulajer de pauvres malades, font bien plus utilement employées, que s'ils les emploioient fimplement à réciter le Breviaire ou à faire des priéres pour obtenir de Dieu que ces pauvres malades fuffent confoléz & foulajez par d'autres.

Je fuis par conféquent de l'avis de ceux qui aprouvent fort le ftatut des Jefuites, par lequel leurs Régens & leurs Préfets de chambres dans leurs Coleges peuvent n'être point dans les ordres, ni par conféquent obligés à réciter les priéres & lectures du Breviaire; il n'y a perfone, qui ne voye que paffer deux heures de plus par jour à former les jeunes gens à la vertu, en fupofant dégré de charité égal, eft une action beaucoup plus méritoire & plus agréable à l'être bienfaizant, que de paffer ces deux heures à réciter comme par habitude de tres longues priéres; c'eft qu'un pareil emploi de fept cens trente heures par an eft incomparablement plus utile à l'Eglize, & à l'éducation des fideles, que l'emploi du Breviaire; or Dieu cet être fouverainement bienfaizant ne nous récomande-t-il pas toûjours la plus grande utilité des fidéles, comme l'ocupation la plus parfaite, & par conféquent comme la plus fainte, foyéz parfaits, foyéz bienfaizans comme le Pére celefte eft bienfaizant.

OBSERVATION XXX.

Sur le Projet de Tablature.

CEux d'entre les-esprits de la premiére classe qui voudront bien s'apliquer à former une tablature entiére d'un Colege complet, ne peuvent être que d'excelens Citoyens, qui dans un tems où il n'y a nule récompense à esperer ou du moins nulle récompense promize, ne laisseront pas de doner leur loizir à cet important travail : on peut dire même que travailler pour procurer un grand bienfait à la scocieté humaine dans la veüe de plaire à l'être, qui est souverainement bienfaizant envers les homes, & dans la vüe de se distinguer entre les Citoyens bienfaizans , est l'entreprize d'un grand home & d'un grand Saint.

Ces bons Citoiens dans leur travail pour former la tablature d'un Colege s'atacheront seulement aux exercices qui peuvent fortifier les qua-

tre dernieres habitudes de la juſtice,
& de la bienfaizance , par raport aux
qualitéz de l'eſprit.

C'eſt que ces quatre habitudes ſont
les quatre principales parties de la
prudence crètiéne, & que la prudence conſeille à l'écolier de devenir juſte, bienfaizant, bon raizoneur, &
d'enrichir ſa mémoire de tout ce qu'il
y a de plus important dans les arts,
& dans les ſiences les plus utiles à la
ſocieté.

La tempérance ou la moderation
dans les plaiſirs de la table & du
jeu ſe pratique aſſéz au Colege prèſ‐
que ſans y penſer.

Il faut dans les ocaſions leur repe‐
ter la maxime de prudence coniie mê‐
me par les anciens Payens, la voici ,
uzéz ſans excés des plaizirs inocens du
tems prezent que vous prrcure l'Auteur
de la nature, depeur que les excés ne
diminuent exceſſivement les plaiſirs dont
vous auriez pû joüir dans le tems avenir;
les Latins exprimoient ainſi cette ma‐
xime; *Sic praſentibus voluptatibus u‐*
� ⁏ vi , ut futuris non noceas.

Les Filoſofes Payens qui n'avoient
qu'une prudence bornée à cette vie,

n'envizageoient que la perte de la santé que cauzent les excès du jeu, de la table & des autres plaifirs corporels; ils n'avoient pour objet que la perte des plaifirs de cette vie paffajere, mais la prudence crétiéne va incomparablement plus loin, elle fait craindre encore qu'en perdant l'uzaje de la raizon par les excès des plaifirs, elle ne perde la joüiffanee des plaizirs immenfes de la vie future.

Plus nous avons prefens les bons motifs de notre conduite, plus nous avons de prudence crétiéne; ainfi les Régens & les Préfets de chambre ne fauroient trop fouvent les mettre devant les yeux de l'Ecolier, au comencement, au milieu & à la fin de leur journée, dans les exercices des quatre habitudes, en lui montrant & en lui faizant fentir la liaizon de certains plaifirs défendus avec certains maux, avec certaines peines, avec certains malheurs, & la liaizon qui eft entre certains travaux, certaines peines, avec les plaifirs de la diftinction, & fur tout avec la poffeffion éternelle du fouverain bonheur.

Les enfans des baffes claffes doivent dormir plus long tems que ceux des hautes classes : il faut pour le dor. mir , pour le manjer , pour les jeux &c. environ douze ou quatorze heu- res , supofons qu'il en reste dix à em- ployer en exercices pour les quatre habitudes, moitié en particulier dans la chambre comune fous les yeux du Préfet ou Répetiteur , moitié en pu- bliq dans la classe fous les ordres du Régent, cela peut varier felon les fai- zons.

Comunement l'exercice de la cham- bre comprend trois chozes, 1º. la repetition de ce qui a été enseigné dans la classe précédente , 2º. La pré paration pour répondre aux questions qu'on fera à l'Ecolier dans la classe, 3º. l'étude de certaines fiences , Arit- metique, Calcul, Géometrie, Géo- grafie , Dessein , Muzique.

Ce qui est important de remarquer, c'est que le même morceau d'histoire lû dans la classe, peut servir à exer- cer les quatre habitudes, le Régent y peut faire fentir 1º. l'injustice des uns, 2º. La justice & la bienfaizance des autres, 3º. les punitions, effets natu- rels du vice, 4º. les récompenses , ef-

fets naturels de la vertu, 5°. les faux
raizonemens de l'injuste, les bons raizonemens des justes & des bienfaizans, 6°. la composition de l'Auteur,
son éloquence, ses fautes contre l'é-
loquence, 7°. Exercice de la mémoire en faizant raconter le fait à deux
ou trois Ecoliers, qui tacheront à
l'envi à le raconter avec moins de
fautes, 8°. fournir des reflexions au
Regent pour exciter davantaje les
sentimens de haine & d'aversion dans
l'Ecolier pour l'injustice, 9°. il peut
en former quelques scènes & aprendre aux Ecoliers à les réciter avec
l'action convenable, & à les bien
déclamer, & ce sera à qui déclamera
le mieux, & avec plus de force.

. Et à cette ocazion je dirai qu'il ne
faut jamais faire faire à l'Ecolier le
rôle d'injuste & de méchant, c'est au
Regent ou au Préfet à faire ce rôle,
il faut que l'Ecolier puisse aimer à
bien faire son rôle, & par consequent il faut que son role soit aimable, il faut empêcher, que dans l'envie de réüssir en jouant avec action,
il ne s'afectione aux maximes du méchant home, du selerat, du menteur, du fourbe. P v

Mais il faut toujours obſerver, que les heures qui s'emploieront par ce trait d'hiſtoire à faire entrer dans l'eſprit de l'Ecolier, les motifs & les ſentimens de vertu qui tendent à rectifier les ſentimens de ſon cœur, ſoient en plus grand nombre que les heures qui ſeront employées à perfectionner les qualitez de ſon eſprit, & à cultiver ſa mémoire, & cela par la regle qu'il faut toûjours que l'Ecolier done plus de tems à aquerir les habitudes les plus importantes à ſon propre bonheur, & au bonheur des autres, qu'à aquerir des habitudes beaucoup moins importantes.

Mais ce même trait d'hiſtoire pourra faire la matiére de quelques inſtructions ſur la Géografie, ſur la Cronologie, ſur la Juriſprudence, ſur l'Art Militaire &c. dont le Regent aura ocaſion de parler, toutes choſes qui ſerviront à imprimer davantage, & l'hiſtoire, & les maximes de prudence, qui y ſeront démontrées.

Ce même endroit de l'hiſtoire peut-être conté d'une maniére plus longue, avec plus de circonſtances ſenſibles pour les baſſes claſſes, car il faut ſecourir

l'imagination des enfans par un plus
grand nombre d'images senfibles &
faire toûjours parler les perfonages, il
ne leur faut pas tant de reflexions ge-
nerales qu'ils ne font pas encore en état
d'entendre.

Cela me fait penfer que pour infpirer aux enfans plus d'aplication aux
fiences dont on veut leur doner les
premieres leffons, il faut y mêler autant qu'il fera poffible quelque chofe
de la vie de ceux qui y font devenus
illuftres, & leur en enfeigner diverfes
parties à propos de diverfes traits d'hiftoires dont les fentimens & les mœurs
foient l'objet principal.

De ce que je viens de dire on peut
comprendre que je panche à faire des
principaux endroits de l'hiftoire, le principale fonds de la tablature pour tout
ce qu'il y a de fpéculatif dans l'éducation.

Mais le point principal, c'eft ce
qu'il y a de pratique, c'eft-à-dire,
l'exercice de la juftice des Ecoliers entre
eux, l'exercice de la politeffe, de la
patience & des autres parties de la
bienfaizance dans leurs actions, dans
leurs jeux, dans leurs difcours & cela

toûjours bien lié, bien enchainé avec les plus puiffans motifs ; & de là on voit que le Préfet de chambre, qui fera bon obfervateur de ce qu'ils feront de bien & de mal entre eux, peut lui être beaucoup plus utile dans la chambre que le Regent même dans les exercices de fa claffe.

Les enfans ont un grand plaifir à entendre des hiftoires où les mechans font punis & les vertueux recompenfés, il faut donc fuivre cette indication de la nature & leur doner de pareilles hiftoires, mais il y a un inconvenient, c'eft que les vrayes hiftoires nous fourniffent peu d'exemples & fouvent ils ne font ni affez proportionés aux Ecoliers ni affez embélis dans les originaux par les circonftances intereffantes, & cela me fait penfer qu'outre les vraies hiftoires il faut encore nècéffairement compofer pour les enfans des Romans vertueux & en faire pour toutes les claffes.

Je croi de même qu'il feroit à propos de leur faire joüer des fcènes vertueuzes & d'en compozer exprès à la portée des plus baffes claffes ; il faut emploier la fiction & la verité pour faire

aimer la vertu & pour faire haïr le vice;
mais il faut avoir foin de doner aux enfans la fiƐion pour fiƐion , & la verité pour verité , c'eſt au bureau à faire
bien payer ceux qui compoſeront les
meilleurs Romans vertueux pour les
diferentes claſſes.

OBSERVATION XXXI.

Romans Vertueux.

AU lieu de faire lire aux Ecoliers
des preceptes , des liſtes feches
de vices & de vertus qu'ils liroient
avec dégout , il faut mètre en Roman
les aƐions vertueuſes , les difcours d'un
jeune home vertueux & cela en con-
traſte avec les difcours d'un Ecolier vicieux , qui fait toutes les fautes & qui
a tous les défauts conus parmi les Ecoliers.

Peindre ces défauts d'un grand nombre de cotez & dans diferens poinƐs
de vües qui fourniront les ſituations
que l'auteur du Roman fera naître.

Peindre toujours ces defauts avec des

couleurs qui les rendent odieux, meprifez & punis.

Peindre ces défauts pour la portée des deux plus baffes Claffes.

Les peindre dans leur naiffance avec toutes leurs mauvaizes excufes.

Peindre ces mèmes defauts pour les autres claffes fuperieures, en peindre l'acroiffement en chofes plus importantes.

La lifte des defauts, des actions vicieuzes & des difcours vicieux fervira au Romancier à ne rien omètre de ces peintures, à les ranjer de maniere que l'on voye comment les defauts naiffent les uns des autres.

Peindre ces vices dans leurs excès hors du Colege.

Peindre les actions & les difcours de l'homme fautif & fes excuzes de maniere qu'il foit impoffible à l'Ecolier fautif de n'y pas reconoître fes fautes, fes defauts, fes excuzes, fes prétextes; & il faut que ces peintures foient fi naïves & tellement faites d'après nature que ce foit un bon miroir, où chacun puiffe facilement fe reconoître lui mème, tandis qu'il y reconoit la plûpart de fes camarades.

Obferver la mème metode à l'égard

des actions vertueuzes & des difcours vertueux , & fur tout fes motifs & expofer fouvent les récompenfes de ce monde & de la feconde vie.

Il faut fouvent faire rencontrer le vertueux prudent avec le vicieux imprudent, il faut fouvent leur voir prendre des partis opofés dans pareilles conjonctures avec des raizons très opofées.

Je ne dis pas que de pareils Romans foient faciles à bien faire, mais je foutiens qu'il fera facile de les perfectioner tous les cinq ans fi l'on done le foin à un Filofofe Crétien de compofer le canevas des penfées , & fi l'on charge un homme d'une imagination feconde & bon écrivain , de bien mètre en euvre les obfervations du Filofofe.

Pour faire un Opera il faut ordinairement deux homes qui s'entendent, un Poëte & un Muzicien , c'eft qu'il eft rare de trouver un excelent Muzicien dans un excelent Poète , comme il eft dificile de trouver un agréable Romancier dans un Filofofe profond.

Je demande plufieurs tomes pour une feule claffe pour pouvoir en lire un chapitre tous les deux jours & un autre jour on liroit des traits hiftori-

ques un peu embelis & acomodés au
teatre.

Voilà de ces livres claſſiques, dont
les Auteurs doivent être recompenſés
de penſions par l'avis du Conſeil de l'E-
ducation, à proportion de la grande
utilité de leurs ouvrages.

OBSERVATION XXXII.

Habit uniforme.

J'Ai obſervé que dans certaines Com-
munautez Religieuzes, les filles penſionaires & les Ecoliers penſionaires ont
des habits uniformes, il faut conter
pour beaucoup d'acoutumer les enfans
à n'eſtimer que peu les diſtinctions exterieures, qui vienent des richeſſes, de
la grande dépenſe, de la magnificence &
autres diſtinctions de pure vanité, & qui
ne peuvent produire qu'une gloire vaine
& frivole, il faut les acoutumer au
contraire à n'eſtimer que la conſidera-
tion & la diſtinction qui vienent des
qualitez diſtinguées ou de l'eſprit ou
du cœur ; or cette uniformité, cette
ſimplicité

simplicité dans les habits peut y contribuer, je ne parle point ici des Princes du Sang Roial, s'il y en avoit dans
le grand Colege ; il est du bon ordre
d'acoutumer les enfans au respect & à
la soumission qui est nècéssaire pour
maintenir dans les Monarchies l'autorité Royale & par consequent la tranquilité publique.

A l'égard des Ecoliers, qui pour les
qualitez distinguées du cœur ou de l'esprit auroient mérité des distinctions, il
sufiroit que sur leur habit uniforme, ils
portassent quelque marque exterieure
qui les distinguat entre leurs pareils.

Cette observation paroîtra peut-être
une minucie, mais a la considerer de
près elle ne merite pas, ce me semble,
d'être negligée, tout ce qui peut diminuer dans les enfans leur gout pour
la distinction frivole, & augmenter
leur goût pour la gloire la plus précieuze est plus important qu'on ne
s'imagine.

OBSERVATION XXXIII.

Trois consideratïons propres pour inspirer la pratique de la patience & de l'indulgence.

LE motif le plus élevé que l'on puisse avoir pour souffrir sans se plaindre; les insultes, les injures des superieurs, des pareils, des inferieurs, & les négligences des domestiques est sans doute le motif d'imiter Dieu, qui nous pardone si souvent nos fautes, mais il y a encore trois autres motifs humains qui ne font pas à négliger.

1°. Si vous cherchéz à vous vanjer, en quoi serez vous plus parfait que celui qui vous a ofensé ? or ne cherchez vous pas à surpasser vos pareils en vertu comme en talens ? ne vaut-il pas beaucoup mieux même les surpasser en vertus qu'en talens ? A quoi servent les talens sans vertu sinon à se faire plus hair ?

Rien n'est si comun que le sentiment de venjance, il est si comun, que si les brutes ont des sentimens ils ont

celui de la vengeance; or vous qui vou-
lez vous diftinguer entre vos pareils
encore plus du côté du cœur que du
côté de l'efprit, voulés-vous n'avoir
que des fentimens femblables aux fentimens des plus vils animaux, & des
hommes les plus méprifables ? Eft-ce
penfer noblement que de penfer come
les homes les plus méprifables de la lie
du peuple, qui n'ont eu aucune éducation ?

2°. On ne nous ofenfe prefque jamais volontairement, que nous n'ayons
les premiers ofenfés. Au moins par imprudence, ou parce que les ofenfeurs
ne conoiffent pas nos bones intentions;
faites crédit à celui qui vous a ofenfé, &
qui eft en quelque forte votre débiteur,
puifqu'il vous doit une réparation,
donez-lui loifir de conoître vos bones
intentions, & combien vous êtes éloigné d'avoir voulu l'ofenfer, il revien-
dra pour vous, il fentira même de la
reconoiffance de votre conduite douce,
patiente & pleine d'indulgence, il s'a-
percevra qu'il vous avoit pris pour tout
autre que vous n'êtes, & en voiant
que vous cherchéz encore à lui faire
plaifir, il fera très faché de vous avoir

ofenſé , il cherchera à ſon tour à vous faire plaiſir , & ſera le premier à chan- ter vos loüanges & à eſtimer votre ver- tu , c'eſt ainſi que vous ſerez recom- penſé au double de lui avoir fait credit, & de lui avoir pardoné.

On conſeilloit un jour à Socrate, qui venoit de recevoir une inſulte de ſe vanjer , en lui dizant qu'il lui ſeroit facile de mortifier l'ofenſeur impune- ment , & c'eſt précizément par votre raizon *d'impunité* , répondit-il , *que je n'ai garde de ſuivre votre conſeil.*

Vous ſeréz bien plus porté à pardo- ner quand vous ſonjeréz que le plus ſouvent l'ofenſe que vous recevéz n'eſt qu'une venjance du déplaiſir que vous avez cauſé par quelque paſole impru- dente , par quelque negligence , par quelque inatention que l'on aura in- terpretée comme un mépris. Quelque- fois même vous ofenſéz par vos bons ſuccés , par vos talens bien employés, qui vous atirent des loüanges , qui bleſ- ſent toujours les envieux , car alors vous auzés beaucoup moins à pardoner quand vous verréz vous même par vos reflexions que vous avez été ſans y pen- ſer , & très innocemment le premier ofenſeur.

3°. Pourquoi êtes vous en colere contre votre domeſtique, c'eſt que vous atendiéz trop de ſon eſprit, de ſon atention & de ſon afection ? Atendéz vous à moins il ne vous fachera plus dans ce qu'il fait de mal, & vous ſurprendra ſouvent agréablement en lui voiant faire ce à quoi vous ne vous atendiéz pas.

C'eſt d'un coté votre faute d'avoir pris une idée trop avantajeuſe de ſon intelligence & de ſon afection, cette idée lui a nui dans votre eſprit, rabatéz-en la moitié, vous vous atendrez à moins, il ne fera alors preſque plus de fautes que vous oziés lui imputer comme vous n'imputéz pas comme faute à votre chien de ne pas faire ce qui paſſe le chien, vous ſerez de même très content de votre domeſtique, vous lui épargneréz des reproches pleins d'aigreur, & vous vous épargneréz des mouvemens de colere, quand vous n'atendréz de lui que ce que vous en devez atendre.

S'il a peu d'afection pour vous, c'eſt encore moins ſa faute que la vôtre, puiſque c'eſt votre faute ſi vous ne lui en inſpirés pas davantage, l'afection

est un sentiment agréable, ainsi votre
domestique ne demanderoit pas mieux
que d'en sentir, mais on ne s'en donc
point, on la reçoit du Maître, ainsi presque toujours c'est votre faute quand
vos domestiques n'en ont pas autant
que vous le souhaiteriés.

Voilà coment en faisant justice aux
autres, & en prenant sur vous la part
que vous devés prendre de la source
des negligences de vos domestiques, &
de la cauze des ofenses que vous rece-
vez quelquefois des autres hommes,
vous diminurés beaucoup leur tort,
& par conséquent votre douleur, votre ressentiment, votre colere ; telles
sont les trois considerations raizonables, qui tendent à rendre la societé
beaucoup moins dezagréable ; tels sont
les motifs, qu'il sera facile d'inspirer
peu à peu aux enfans de 12 ou 15 ans
par toutes les manieres, dont les sentimens s'inspirent aux homes, lectures,
reflexions, scènes vertueuses, exemples, exhortations, &c.

OBSERVATION XXXIV.

Ocupation au fortir du Colege.

DAns notre forme de gouvernement il y a un grand défaut
pour les jeunes gens de 16. ou 17.
ans, qui au fortir du Colege vont
demeurer dans des maifons particulieres fans difcipline, fans exercices journaliers de la juftice & de la bienfaizance que nous avons tant récom-
mandées pour l'Education de la jeuneffe, ce font des jeunes gens defti-
nés au Clergé, à la Magiftrature, à la
Guerre, à la Medecine &c. Voilà pourquoi j'opine, que la plûpart demeu-
rent toujours enferméz dans les Coleges pour continuer les études de leurs
proteffions particuliéres en continuant
la même difcipline, pour fortifier par
la pratique, par les exemples & par
les préceptes, l'habitude à s'éloigner
des vices & à la pratique des vertus.

Sans la continuation des exercices
pour ces deux vertus, il eft dificile

qu'ils ne se débauchent & ne se corrompent les uns les autres, & ne perdent en partie le principal fruit de leur Education, & c'est pour cela, que je fais incomparablement plus de cas de l'Education des Ecoliers pensionaires, que des Ecoliers externes; je suis même persuadé que les éxemples des externes mal disciplinéz, nuisent aux pensionaires & afoiblissent peu à peu l'effet de la bone discipline, mais c'est un mal nécessaire, & si les pensionaires y perdent, les éxternes y gagnent,

Il est à souhaiter pour l'Etat, que les Ecoliers, qui au sortir du Colege retournent habiter avec leurs familles, soient en même tems employéz chacun dans sa profession, & mis en comerce avec des persones plus agées, de l'exemple & de l'experience desquelles ils puissent comencer à profiter, mais le poinct principal est de leur doner une ocupation journaliere au moins de quatre ou cinq heures par jour, & je vois avec peine que notre police n'a pas encore asséz pourvû à cette ocupation, du moins pour certaines professions, par exemple pour le Clergé & pour les gens de guerre.

Pour le bonheur de la vie la plûpart des homes ont befoin d'une ocupation de devoir durant quelques heures par jour, vôila pourquoi j'aprouve fort la métode nouvelement inventée pour les jeunes Magiftrats, de lour doner entrée dans les compagnies pour raporter, ponr écouter, pour dire leur avis, mais de diferer de conter leur voix jufqu'à vint cinq ans.

Il eft certain, que fi tous les Coleges des garfons & des filles étoient établis fur ce modéle dans tous les Etats Crétiens, il fe trouveroit après trois ou quatre générations un très grand chanjement en bien dans le monde riche & bien élevé ; & peu à peu dans le peuple même qui emprunteroit fes maximes de conduite des riches, qui auroient eu une Education très faje & très-vértueuze.

Ceux qui ont été élevés dans les Coleges font plus de cent mille chefs de famille en France ; or quelle diférence pour nos mœurs fi dans vint ou trente ans, il y'avoit dans notre Nation cent mille chefs du peuple

R

tous fort accoutuméz à la pratique journaliere de la justice & de la bien-faizance.

Jusques à ce tems là il faut conter que les jeunes gens, qui sortiront d'un pareil Colege rencontreront dans le monde où ils entreront beaucoup de maximes injustes, imprudentes, déraizonables & contraires, à celles qu'on leur aura enseignées, mais cette déraizon diminuera de génération en génération, & ceux qui vivront dans cent cinquante ans, auront l'avantage de vivre dans une societé beaucoup plus raizonable, plus juste, plus vertueuze, incomparablement plus tranquile, plus agréable, & plus remplie des hautes esperances d'une immortalité délicieuze.

Si l'on suit dans les Etats Crétiens la forme de gouvernement aprouvée autre fois par le Daufin Bourgogne Pére du Roi, que j'ai éclaircie, & qui assurera aux Citoyens des récompenses proportionnées à leurs talens, à leurs services, à leurs travaux, & à leurs vertus, les jeunes gens bien élevés au sortir du Colege n'auront plus à combatre contre les mau-

vaifes mœurs des perfones plus agées
qu'ils trouveront dans le monde, car
il n'y aura plus de mauvaizes mœurs,
que parmi des homes fans talens ; fans
emploi publiq & fans aucune confideration ; & comme ces jeunes gens
verront les talens honorés & la vertu refpectée même par le peuple, ils
n'auront, s'ils veulent valoir quelque
chofe, nule peine à fuivre les traces
des grans homes, ou s'ils ne valent
rien ils tomberont avec les faineans,
& la claffe du bas peuple dans un honteux mépris.

TROISIEME PARTIE,

Objections.

OBJECTION I.

ES vües font fajes & judi-cieuzes, mais nous n'avons point de Bureau autorizé à les examiner, à les rectifier, à les augmenter & à former des ftatuts pour perfectionner nos Coleges; les Miniftres, quelques bones inten-tions qu'ils ayent ne peuvent, faute de loifir, former ces ftatuts fans le fe-cours d'un Bureau.

Je voi d'ailleurs que pour mieux inftruire notre jeuneffe, & en moins de tems, il faudroit dans chaque Colege plus de dépenfe pour le nombre des Régens & des Répetiteurs ou Préfets des chambres, il faut diférentes fales pour la même claffe, il faut des Ré-gens de fuplement, il faudroit des penfions pour les Profeffeurs & pour

Les Administrateurs, qui se distingueroient entre leurs pareils; or où prendre les revenus nécessaires, s'il n'y a un Bureau qui étant bien informé ne marque pas ce qui manque de revenu à tel ou tel Colege.

Les Coleges eux mêmes font des corps composés de Professeurs & d'Officiers principaux qui se contrarient souvent dans leurs opinions & qui n'ont aucunes dépendances les uns des autres, ils ne voudront jamais s'assujetir à rien changer à leur routine; ainsi je ne voi pas que ni par l'autorité de l'Etat, ni par la persuasion, vous puissiéz espérer de perfectionner l'Education de la jeunesse.

Les Coleges sont même entre les mains des Universitéz & de compagnies réligieuzes, puissantes & jalouzes les unes des autres, ce que l'une adoptera, l'autre ne voudra pas l'adopter; or qui reglera ces contestations avec une autorité sufizante, s'il n'y a un Bureau établi pour regler les affaires des Coleges? ainsi je voi, que vos vües quoique avantajeuzes pour la nation, & même pour toutes les nations rencontrant dans

toute l'Europe pareils obſtacles, demeu-
reront entierement infructueuzes.

R E' P O N S E.

1°. Des vües ſages & utiles au
publiq, quand elles font une fois à
mètre en pratique, quand elles font
bien éclaircies par la reponſe à toutes les dificultés n'ont plus bezoin
pour fructifier, que de rencontrer des
circonſtances favorables dans certains
gouvernemens, de ſorte que ſi ces
veües font ſufizamment démontrées,
on peut aſſurer, qu'elles ne demeu-
reront pas toûjours inutiles.

2°. Si quelque Prince établiſſoit un
Colege dans le voiſinage de ſon principal ſéjour ſur un plan ſemblable,
pour y élever les Princes de ſon ſang,
& pluſieurs de ſes ſujets, les autres
Coleges ſuivroient bientôt le même
plan ; or il n'a gueres d'ouvrajes à
faire qui puiſſent plus contribuer à
rendre ſon nom glorieux dans la poſterité.

3°. Je ſai bien, que ce plan eſt encore informe, mais un Prince avant
que d'établir & de bâtir un Colege,

ne peut il pas le faire rectifier dans diverses assemblées du conseil de l'E-ducation selon les avis des plus habiles Oficiers principaux, qu'il déstinera à gouverner son Colege ?

40. Ce qui ne se fera pas parmi nous, peut se faire chéz nos voizins & passer ensuite chez nous par imitation ; car les nations empruntent sajement les unes des autres les inventions utiles à la societé. L'home est un animal imitant, parcequ'il est animal raizonable.

50. A l'égard des fonds pour les nouvelles dépenses nécessaires pour perfectionner les Coleges, l'Etat peut y supléer sur les avis du Bureau de l'E-ducation, & il y a plusieurs moyens très comodes & très faciles pour unir peu à peu de grans revenus aux Coleges & aux Hôpitaux, sans rien exiger des peuples, sur tout parmi les nations Catoliques, je les marquerai dans un mémoire séparé.

Il est vrai, qu'il n'y a point encore dans l'Etat de Bureau autorisé pour veiller à perfectionner l'Education, mais un Bureau, qui n'est pas encore formé, & qui seroit si avan-

tajeux ne peut-il pas se former pour
ainsi dire en une heure ?

OBJECTION II.

Je soutiens contre votre opinion,
qu'un bon Régent peut sufire pour
enseigner cent Ecoliers.

RÉPONSE.

1°. Les persones experimentées,
que j'ai consulté dizent qu'un bon
Régent ne peut bien enseigner que
cinquante ou soixante Ecoliers, ainsi
un Colege de dix classes contiendroit
six cens Ecoliers ; il faut remarquer,
que pour avoir soixante Ecoliers dans
les dernieres classes, il faut qu'il y en
ait plus de quatre vint dans les premieres.

2°. Il ne s'agit pas de former des
Coleges peu utiles, qui coutent peu
à l'Etat, & où les Ecoliers pour la
plûpart perdent leur tems, il s'agit
de former de bons Coleges, où les
Ecoliers avancent tout autant, qu'il
est possible vers les vertus & vers les

talens les plus utiles à l'Etat, il faut par conſequent ſupoſer une dépenſe néceſſaire en nombre de ſales, en nombre de Régens & de Précepteurs de chambres à proportion du nombre des Ecoliers ; or l'on a veu , que c'eſt une des dépenſes les plus importantes pour la grande augmentation du bonheur de l'Etat.

OBJECTION III.

Je conviens , que pour les deux plus hautes claſſes générales, il faut que ce ſoit toûjours le même Regent qui faſſe la même claſſe, & qui enſeigne les mêmes matiéres , parcequ'il aprendra mieux avec le tems, ce qu'il faut ou ajouter ou diminuer à ſes leçons pour perfectionner la métode d'enſeigner , mais pour les baſſes claſſes, il ſemble qu'il ſeroit plus utile aux Ecolers , que le même maître conduiſit les mêmes Ecoliers durant les ſix premiéres anées dans ſix claſſes différentes.

RÉPONSE.

1°. Comme les livres & les inſtructions claſſiques pour chaque claſſe ſeront impriméz, il ſera facile à chaque Regent de continuer la même métode du Regent de la claſſe inferieure ; car il eſt à propos, que la métode du Colege, & même de tous les Coleges, ſoit uniforme ſauf à chaque Regent de doner ſes obſervations au principal Oficier pour perfeſtionner la métode générale, & ſauf au principal de les comuniquer au Bureau de l'Education.

2°. Le Regent au bout du premier mois conoîtra bientôt le dégré d'intelligence de chacun de ſes cinquante Ecoliers, il le poura même ſavoir par la liſte, & les notes du dernier Regent, qu'ils auront quité, ainſi il ſaura bientôt coment il doit encourajer les uns, & piquer les autres.

OBJECTION IV.

Il faut des jours de relâche pour

les Ecoliers, il leur faut des jours de
conjé.

RE'PONSE.

1°. Pourveu qu'ils ayent des heures de jeux , d'exercices , pourveu
qu'ils n'ayent point des exercices trop
longs & trop uniformes , & que leurs
exercices soient sufizament variéz &
même quelquefois un peu contrastéz,
ils feront toûjours agréablement ocupéz, & loin de dezirer la ceffation
de ces éxercices agréables , ils en défi-
reront toûjours la continuation. Quand
les Ecoliers en defirent la ceffation ,
c'eft une preuve , que la metode du
Colege n'eft pas affez bone , la bone
métode eft femée de petits plaifirs.

2°. A l'égard des Regens je demande pour eux des jours de conjé , &
c'eft pour cela , que je demande des
Regens de fuplement , qui foient à-
coutuméz à la métode générale , on
poura prendre ces Regens de fuplement , parmi les Préfets des chambres furnumeraires.

3°. Il faut doner aux Ecoliers pour
récompenfe de leur aplication à cer-

taines matiéres l'Etude de quelqué choze d'agréable, qui leur ferve de délaſſement utile, ainſi ils auront leur journée partagée en heures d'aplica-tion quelquefois une pènible, & par récompenſes en heures de diver-tiſſemens utiles.

OBJECTION V.

La propoſition d'un Bureau per-petuel tant pour former ce bel éta-bliſſement que pour le foutenir & le perfeétionner me paroit un moien gé-néral très fenſé & très eficace, je l'adopterois avec plaiſir, ſi j'étois ou Roi ou Miniſtre général, mais les Rois, les Miniſtres comme les autres homes, pour avoir tout l'honeur d'un pareil établiſſement, qu'ils ne ſauroient former tous feuls, auront de la pei-ne à établir un Bureau, pour faire la groſſe bezogne, & la plus dificile, ainſi pour leur faire mieux gouter ce projet, je ne parlerois point du tout de former un pareil bureau.

RE'PONSE.

1°. Si un Prince, ſi un Miniſtre

général goute ce plan, il songera à l'éxé-
cuter, alors s'il croit pouvoir se passer
d'un Bureau perpetuel, la proposition
de s'en servir pour en recevoir du sou-
lagement ne se rebutera pas de l'execution; au contraire il sera bien aize
qu'elle ait été faite publiquement, afin
de montrer au publiq, qu'avec son seul
genie & son seul travail, il peut sans
aucun secours en venir à bout.

2°. Il y a des Rois & des Ministres
généraux, qui à cauze de la multitude
des bonsétablissemens, les veulent faire
sans perdre du tems durant leur regne,
pour se rendre plus recomandables dans
la posterité; or il est vizible que pour
ceux là qui font le plus grand nombre,
ils seront fort aizes qu'on leur ait
ouvert l'avis de se faire aider dans
l'execution d'un si vaste projet par un
Bureau perpetuel.

OBJECTION VI.

Cet ouvrage sent un peu trop la devotion & la prédication, il semble,
que l'Auteur veüille faire de tous les
Ecoliers autant de Religieux, & cela
ne convient pas à la societé,

RÉPONSE.

Il est vrai, que tout ce que je bâtis sur l'esperance d'une vie délicieuze, & sur la crainte d'une vie très malhureuze après la mort pouroit bien ne pas plaire à certaines persones du monde, d'ailleurs honêtes gens & gens d'esprit, mais qui n'ont fait jusqu'ici presque aucun uzage, ni de cette crainte salutaire, ni de cette esperance consolante, qui est le fonds solide de toute Religion tant soit peu raizonable ; mais ils n'ozeroient, s'ils ont de la raizon, soutenir que cette crainte & cette esperance d'une seconde vie, ne soit en même tems très raizonable & très utile, même à la societé humaine qu'ils souhaitent voir tous les jours plus parfaite : ainsi qu'ils s'en prenent à leur indolence sur ce chapitre, & qu'ils ne me fassent plus de reproches, puisque j'ai parlé consequamment à des principes très raizonables qu'ils admetent.

Mon but est de rendre les homes plus religieux, mais non pas d'en faire des Religieux, c'est que plus ils seront Religieux plus ils seront vertueux & hu-

reux, & plus leur nation en sera hureuze.

OBJECTION VII.

Des Religieux m'ont fait une ob-
jection toute opofée, ils m'ont dit,
qu'il n'y avoit pas affez d'onction,
affez d'air de devotion dans mon ouvrage, & que toutes les focietéz.protef-
tantes peuvent adopter ce que je dis de
la Religion.

REPONSE.

1°. Je n'ai pas vizé à faire un livre
de devotion, mais à doner à ceux qui
gouvernent les Etats & à ceux qui gouvernent les Coleges des vües pour perfectioner l'éducation, je ne prêche pas,
je démontre; or celui qui démontre ne
vize qu'à inftruire l'efprit, & qu'à per-
fuader ceux qui prézident à l'éducation, celui qui prêche n'a pour but que
d'imprimer des fentimens & de remuer
le cœur; or je n'ai point vizé à l'éloquence de l'onction.

2°. N'eft-il pas vrai, que nous ne
diferons point des Proteftans fur la

morale Crétiéne, c'eſt à dire, ſur les injuſtices qu'il faut éviter, & ſur les bienfaits qu'il faut pratiquer.

3°. J'ai prétendu doner un modèle d'éducation qui puiſſe ſervir à toutes les Nations Crétiénes, & former par tout des homes d'un comerce deſirable qui puſſent ſe tolerer mutuellement, & vivre enſemble dans l'obſervation de la Juſtice, & dans la pratique d'une bienfaizance mutuelle pour plaire à Dieu, & pour obtenir le Paradis ; or n'eſt-il pas évident que cette premiere vie n'en ſera que plus tranquile & plus hureuze.

OBJECTION VIII.

Il ſemble, que vous n'eſtimés gueres les inſtituts Religieux qui n'ont pas pour but principal, ou de ſecourir les pauvres & les malades dans les Hôpitaux, ou d'inſtruire la jeuneſſe & les ignorans dans les Coleges, de la meilleure metode pour éviter l'Enfer & pour obtenir le Paradis.

RE'PONSE

RÉPONSE.

Je n'ai garde de ne pas eſtimer des Inſtituts qui tendent à inſpirer une obſervation plus exacte de la Juſtice Chrétiéne que celle qu'obſervent les gens du monde, mais n'eſt-il pas raizonable que l'Egliſe & l'Etat eſtiment beaucoup davantage les inſtituts ſoit Eccleſiaſtique, ſoit Religieux, qui tendent au même degré d'obſervation de la Juſtice Crétiéne envers tout le monde, & qui pardeſſus, tendent à la pratique de la bienfaizance Crétiene, & à devenir beaucoup plus utiles aux pauvres malhureux & à ceux qui ignorent les ſentiers de la vertu? N'eſt-il pas raizonable de ſouhaiter que les inſtituts les moins parfaits & les moinsutiles, ne ſe multiplient dans un Etat Crétien, qu'à proportion qu'ils ſont utiles à la ſociété Crétiéne, & que les inſtituts les plus utiles ſe multiplient aux dépens de ceux qui ſont dix fois moins utiles, & à proportion de l'utilité dont ils ſont aux fideles? n'y a t'il pas des degréz diferens de ſainteté & de perfection dans les voyes du ſalut? & n'eſt-il pas de la plus

grande fajeffe du gouvernement civil &
du gouvernement Ecclefiaftique de fa-
vorifer davantage les inftituts qui tendent à imiter d'avantage l'Etre bienfaizant ?

OBJECTION IX.

Le premier but de votre projet fur
l'éducation eft de diriger l'amour propre & la prudence de l'enfant , pour
lui former un difcernement jufte , pour
le garantir de plus de maux , & pour
lui procurer plus de biens ; or il me
femble que le premier but de l'éducation devroit être de doner aux Ecoliers la conoiffance de Dieu & de la
Religion.

RE'PONSE.

1°. Si vous y prenéz garde dans le
premier but , qui eft d'augmenter la
prudence Crétiéne de l'Ecolier , je dis
qu'il faut qu'il fache qu'il y a deux
vies ; or peut-on lui parler de deux
vies fans lui faire conoître Dieu comme jufte , comme puniffeur des crimes,
& comme recompenfeur des actions de

bienfaizance ? Or n'eſt-ce pas l'eſſentiel de la Religion ?

2º. L'enfant fait & ſent, qu'il joüit de la vie prezente, il veut y être hureux, & s'il ſe peut plus hureux que ſes pareils, c'eſt à dire y ſoufrir moins de maux, y goûter plus de biens & plus grands, tel eſt l'amour propre ; voilà le premier reſſort des actions humaines, vous ne ſauriez vous empêcher de vous ſervir de ce premier reſſort, de ce premier mobile pour le conduire !

3º. Il faut enſuite qu'il ſache qu'il y a une ſeconde vie, plus de cent milions de fois plus longue, & qui ſera où beaucoup plus hureuze ou beaucoup plus malhureuze que la premiere, ſelon qu'il aura été ou injuſte ou bienfaizant, & alors voilà le ſecond reſſort des actions des homes, qui s'unit avec le premier reſſort, qui eſt le dezir du bonheur de la vie preſente ; or n'eſt-il pas vrai que ſi les deux reſſorts peuvent conſpirer enſemble, ils en ſeront beaucoup plus forts.

Or hureuzement par la force des habitudes de l'éducation, ces deux reſſorts tous deux fondés dans la raizon

la plus pure & la plus fublime, que
nous tenons de Dieu peuvent s'unir tellement dans la conduite des hommes
meurs que l'on ne s'opoze jamais à l'autre, & que l'un ferve à l'autre, & lui
prête plus de force pour l'obfervation
de la juftice, de peur de déplaire à
Dieu puniiffeur des injuftes, & pour
la pratique de la bienfaizance dans la
veuë de plaire à Dieu recompenfeur des
bienfaizans.

Il eft évident, que cette feconde vie
eft néceffaire pour punir les injuftes,
qui n'auront pas été fufizament punis
dans cette vie, & neceffaire pour récompenfer largement les bienfaizans,
qni n'auront pas été fufizament récom-
penfez dans la vie prefente: il eft évident, dis-je, que la conoiffance de cette
feconde vie doit entrer dans les premieres maximes de la prudence, & cela
prouve que la prudence humaine la
plus fublime, eft la même que la prudence Crétiéne la plus comune.

Or grace à la Divine Providence, cette Prudence Crétiéne, cet amour propre fi bien entendu, fi éclairé, foit pour
la vie prefente, foit pour la vie future,
confpirent par l'obfervation de la régle

d'équité, & par la pratique de la régle de bienfaizance, à rendre d'un côté la focieté prefente la plus hureuze qu'il foit poffible, par la voye de la vertu, à doner de l'autre, la plus grande affurance qu'il foit poffible à l'Ecolier, d'être garanti de l'Enfer & d'obtenir le Paradis.

Donc ce but qui eft d'augmenter la prudence, & de coriger l'amour propre de l'Ecolier, embraffant la conoiffance de Dieu recompenfeur, étant neceffairement le premier mobile des actions humaines, doit être le premier but de l'éducation ; or n'eft-ce pas le plan que j'ai fuivi ?

OBJECTION X.

Vous dites à la verité qu'il faut former dans les enfans l'habitude à ne point faire d'injuftice ni en actions ni en paroles, de peurde déplaire à Dieu & d'être condâné à l'Enfer, qu'il faut former en eux l'habitude aux actions de bienfaizance pour plaire à Dieu, & pour obtenir le Paradis, mais vous ne demandéz point qu'on forme en eux l'habitude de l'amour de Dieu ni l'habitude de l'humilité Crétiéne,

RÉPONSE.

1°. Ne point faire d'injuſtices ren-ferme toute défenſe de faire toute ſorte de mal aux autres ; *or quand c'eſt de peur de déplaire à Dieu* n'eſt-ce pas amour de Dieu uni à la Juſtice pratïque : faire du bien aux autres *pour plaire à Dieu*, n'eſt-ce pas amour de Dieu uni à la bienfaizance pratique.

2°. Conſentir à ne pas demander aux autres qu'ils nous rendent à la rigueur, ni tous les égards, ni toute l'eſ-tïme, ni toute l'atention, ni toute la reconoiſſance, ni toutes les loüanges qu'ils nous doivent, conſentir ſans peine qu'ils nous mépriſent plus qu'ils ne doivent, ou qu'ils ne nous eſtiment pas autant qu'ils doivent, & qu'ils nous le marquent, ſoit par des paro-les, ſoit par des actions, les traiter par raport à ſoi-même avec plus d'égards qu'ils ne meritent, & cela par eſprit de bienfaizance pour plaire à Dieu Créateur & Redempteur, n'eſt ce pas humilité & humilité Crétiéne ? n'eſt-ce pas honêteté, prévenance, politeſſe Crétiéne ? Et tout cela, n'eſt-il pas ren-

fermé fous le genre de bienfaizance
Crétiéne qui eft la troifiéme habitude
à former dans les enfans ?

Et il faut bien obferver que l'humilité Crétiéne ne demande pas que l'on
faffe de foi même de jugemens faux &
trop dezavantajeux de fon propre merite comparé au merite d'un autre,
mais elle demande que nous traitions
cet autre par efprit de bienfaizance,
comme fi nous le croyions d'un mérite
beaucoup plus grand qu'il n'eft en effet
par raport au notre, & alors nous
fommes plus que juftes envers lui, &
c'eft tout ce que demande l'humilité
Crétiéne, qui ne peut jamais être fondée fur aucune fauffeté ; or cette humilité ne fait-elle pas partie de la bienfaizance Crétiéne ?

OBJECTION XI.

Il eft vrai qu'il feroit à fouhaiter
que l'on s'arachât dans tous les Coleges à augmenter tous les ans la partie
de ce plan qui regarde les pratiques
journalieres des Ecoliers, pour fortifier en eux les habitudes à la juftice &
aux diferentes vertus, qui font partie

de la bienfaizance , & fur tout à la patience : mais où trouver d'habiles gens qui veüillent fe doner la peine d'inventer des pratiques conformes à un plan fi utile , où en trouver même qui foient affez autorifez pour les mettre en execution dans leurs Coleges ? il fufit de la contradiction de quelque Régent opiniâtre pour arêter toute leur execution dans un Colege ; or cependant fans execution c'eft un plan agréable à lire , mais très inutile pour la focieté.

RE'PONSE.

1°. Ce plan ne confifte pas en une feule pratique , mais en plus de cent cinquante nouvelles pratiques que l'on poura inventer pour fortifier les cinq habitudes; or pourquoi feroit-il impoffible d'en introduire dans un Colege tantôt une , tantôt une autre, les Profeffeurs eux-mêmes fe formeront peu à peu fur ce plan , & dans moins de cinquante ans, il y aura dans les Coleges d'excelens Régens propres à élever leurs Ecoliers fur le plan le plus parfait.

2°.

2o. Pourquoi seroit il impossible que le conseil de l'éducation établit pour regle dans chaque Colege, qu'un statut pour une pratique aprouvée par les trois quarts des Regens & autres Oficiers des Coleges sera executé par provizion par ceux mêmes qui sont d'avis contraire ?

3o. Pourquoi seroit-il impossible par la même autorité d'établir dans une Université un Conseil de dix ou douze homes choisis au Scrutin pour aprouver aux trois quarts des voix celles des pratiques proposées qui paroîtront faciles & utiles ? Pourquoi les Universitéz d'Oxford, de Cambridge, de Leyde, &c. ne formeroient-elles pas pareils Conseils ?

4°. Pourquoi seroit-il impossible que les Religieux de France, d'Italie, d'Espagne, &c. qui ont des Coleges, formassent entre eux dans la Vile principale un Conseil d'éducation, pour avizer aux moïens de réduire peu à peu en pratique par petites parties, ce qu'il y a de bon dans ce plan, & pour choisir aux trois quarts des voix, celles qui paroîtroient les plus faciles & les plus importantes ?

5o. Pourquoi feroit-il impoffible au Gouvernement de chaque Etat de former un Confeil d'éducation de dix ou douzeConfeillers. 1o. Pour examiner & autorizer en certaines ocazions certains bons ftatuts généraux,& pour les rendre uniformes dans tous les Coleges. 2o. Pour unir à certains Coleges de nouveaux revenus provenans d'ancienes fondations beaucoup moins utiles à la focieté, en confervant dans ces unions la memoire des Fondateurs. 3o. Pour procurer à certains Coleges des bienfaits de la part du Roi ou de la Republique, foit privileges, foit gratifications, foit revenus fixes. 4o. Pour perfeſtioner les ftatuts fur l'adminiftration du temporel. 5o. Pour récompenfer ceux qui doneroient les meilleurs mémoires pour perfeſtioner l'éducation. 6o. Pour récompenfer ceux qui feroient de meilleurs ouvrages, ou Hiftoriques, ou Seniques, ou dogmatiques pour les diverfes claffes des Ecoliers.

6°. Toutes ces chozes ne font nulement impoffibles avec le tems & avec le fecours des conjonſtures des Miniftres qui auront le bonheur de fe conoître en réputation précieuze, & il arive ra que les pratiques excelentes pafferont infenfiblement d'un Colege à un autre, d'une Nation à une autre.

7°. Ce qui eft de vrai, c'eft que l'on ne comence point à bâtir fans quelque efpece de plan, & que fans plan on ne fonjera point à perfectioner cette importante partie de la police humaine ; ainfi il eft toûjours très utile que les bons Citoyens qui préfident à l'éducation, & que les Miniftres zéléz pour le bien publiq, qui conoiffent l'importance des Coleges ayent un pareil plan d'éducation devant les yeux, *& c'eft le but que je me fuis propozé en y travaillant.*

OBJECTION XII.

L'ouvrage eft bon & folide, mais il y a beaucoup de négligences dans le ftile, il feroit à fouhaiter qu'il fut écrit d'une maniere vive & oratoire. On n'aime point ces primo & ces fecundo, cela fait languir le ftile, & d'ailleurs vous entrez dans des minuties de Coleges qui n'intereffent point le lecteur.

REPONSE.

1°. Chaque matiere a un ftile qui lui eft propre, la Geometrie, la Fizique, la Teologie, la politique ont leur ftile, leur éloquence ; il ne s'agit en politique que de démontrer & de faire fentir à l'efprit la force de la démonftration, il ne s'agit pas dans ces matieres d'exciter dans le cœur des fentimens de haine ou d'inclination, de crainte ou d'efperance ; il faut de la clarté dans les idées, il faut de l'aranjement & de l'ordre dans les propofitions, il faut de la juftefle dans les raizonnemens, il faut donq des primo & des fecundo ; tout cela eft aflez fecq, j'en conviens, mais c'eft le ftile convenable à la matiere *didactique*, fi l'on y emploïoit des exclamations, des interrogations, des défcriptions fleuries, des antitezes frequentes, des metafores, des alluzions fines, des ironies malignes, toutes ces figures qui font ailleurs un effet fi agréable feroient ici très déplacées.

2°. Je n'ai eu pour but dans cet ouvraje que de parler à ceux qui fe mêlent de l'éducation des enfans, qui, par conféquent, s'intéreffent fort à tous les détails qui peuvent contribuer à la bone pratique de l'éducation; ces détails, je l'avoüe, font des minucies qui n'intereffent en rien le commun des lecteurs; mais ici je n'écris que pour ceux qui demandent ces détails, & qui en demanderoient encore volontiers davantage. Mon deffein a été de leur montrer dans un plan nouveau d'éducation, d'un côté, les diverfes fins principales qu'ils doivent fe propofer, & qu'ils ne fe propofent point comme principales, & de l'autre de leur indiquer quelques moïens dont ils peuvent fe fervir pour y ariver, & dont ils ne fe fervent point encore. Mon but n'a point été de plaire aux lecteurs oififs, qui ne font que curieux; or fi le plan que j'expofe eft jugé beaucoup meilleur que celui que nous fuivons, fi les moyens que je propofe font jugéz convenables, fi en conféquence il fe fait dans les Coleges quelques changemens propres à perfectioner l'éducation de la jeuneffe; j'ai ateint le but que je me fuis propofé.

C'eft au Filofofe bon Citoyen à aprofondir les fujets les plus importans, &

à démontrer clairement l'importance du but, & enfuite la convenance & l'éficacité des moyens, c'eft à l'Orateur, au bel efprit à orner, à polir, ou fes propres inventions, ou les inventions des Filofofes; ce font pour ainfi dire, deux métiers, qui demandent deux homes differens; le premier vize davantaje à être utile qu'à plaire, à procurer au Lecteur des avantajes durables, qu'à lui procurer des plaifirs prefens, mais de peu de durée; le fecond cherche plus à plaire dans le moment qu'à être utile pour l'avenir; j'ai opté pour le premier, c'eft à dire pour être utile, ainfi ne cherchés point dans mes ouvrajes les argumens du fecond.

Les étranjers reprochent à la plûpart de nos meilleurs Ecrivains de ne vizer qu'au brillant de l'efprit, qu'au bel efprit, & non au bon efprit; ce reproche n'eft pas fans quelque fondement, mais il me femble que peu à peu nous nous acontumons à eftimer moins le brillant pour eftimer davantage le folide, notre raizon va en croiffant, fur tout, depuis 20 à 30 ans : on comence à demander aux beaux efprits qu'ils joignent l'utile à l'agréable, &

qu'ils préferent le plus utile au moins u-
tile, le mal eſt que la plûpart n'ont pas
encore des idées bien juſtes de la plus
grande utilité publique, mais ils comencent à devenir plus raizonables.

OBJECTION XIII.

Les fonctions des Régens & des
Préfets des chambres ſont des fonctions
très penibles; or vous ne ſonjez pas
aſſez à recompenſer dans votre plan ces
Oficiers du Colege à proportion de
leurs ſervices diſtinguéz.

REPONSE.

1°. Ceux qui en font les fonctions,
n'ont pas moins de peine dans le vieux
plan qu'ils auroient dans le plan nouveau, & cependant ils ſe trouvent déja
bien payéz ; les Religieux, par les motifs de Religion, les Séculiers par les
apointemens.

2°. Dans le nouveau plan ils auroient plus de ſatisfaction 1°. à cauze
du progrez plus ſenſible de leurs Ecoliers, 2°. à cauſe du progrez plus important, 3°. à cauze du plus de ſolidité

& de patience de la part des enfans;
4°. à cauze d'une plus grande varieté
dans les exercices.

3°. Je conviens que pour soutenir
l'émulation entre Oficiers pareils au
grand avantage du publiq il faut imaginer des distinctions pour ceux des
Régens & des Prèfets de chambre qui
se distinguent, soit par leur assiduité,
soit par leurs talens, & cela à la pluralité des voix des pareils; mais le Conseil de l'éducation ordonera ces distinctions. L'activité, l'ardeur, la ferveur se
ralentissent bien-tôt, & les esprits tombent bien-tôt dans l'indolence, dans
la paresse, dans la langueur, lorsque
la récompense est égale entre le pa-
resseux & le laborieux, entre le grand
génie & le médiocre.

OBJECTION XIV.

Il est vrai que vos Préfets de
chambres pouront supléer quelquefois aux Régens qui auront congé,
ou qui seront malades; mais qui su-
plera à ces Préfets, qui ont eux mêmes bezoin de jours de congé?

RE'PONSE.

Je conviens qu'il faut toûjours des Régens de suplément & des Précepteurs de suplement ; & que pour faire beaucoup avancer les enfans, il ne faut pas qu'ils discontinuent leurs exercices ; mais aussi je supose, que sur les représentations du Conseil de l'Education , les revenus de chaque Colege augmenteront.

OBJECTION XV.

Votre plan peut convenir aux enfans de 14. ou 15. ans , mais il est trop élevé pour les enfans de 7. ou 8. ans.

RE'PONSE.

1°. Ce plan n'est point fait pour les Ecoliers, mais pour ceux qui sont proposez à leur Education.

2°. Il n'y a point d'enfans de sept ans à qui on ne puisse faire comprendre, qu'il est de son interêt que les autres observent le comandement de la juſtice , *Ne faites point contre un autre &c.* il n'y en a aucun à qui on ne puiſſe faire comprendre qu'un des moyens d'obtenir des autres , qu'ils ſoient juſtes envers lui, c'eſt d'être de ſon côté juſte envers eux.

Il n'y en a pas un à qui on ne puiſſe faire comprendre que les injuſtes s'atirent des maux dèz cette premiere vie , & qu'ils ſeront très-punis durant un tems infini dans la ſeconde vie.

Il n'y en a pas un à qui on ne puiſſe faire comprendre que faire du mal, c'eſt cauzer de la peine à un autre, qu'il ne voudroit pas que cet autre lui cauzat à lui même.

Or cependant voilà ce qu'il y a de plus dificile & de plus important à faire entendre dans ce nouveau plan. Ces inſtructions peuvent être entendües de cet enfant de ſept ans par des choſes très ſenſibles , & dèz la premiére fois , & par conſéquent il les entendra encore mieux, quand on les lui repetera ſouvent, & lorſqu'il les entendra ſouvent repeter aux autres & en diverſes maniéres.

Non ſeulement on conoîtra bientôt

ce qui eſt *mal moral*, mais par la même raizon il conoîtra bientôt ce qui eſt *bien moral*, & par conſequent le précepte *abſtenéz vous du mal, & faites le bien*, & cela pour obtenir le Paradis.

Il n'y a point d'enfant de ſept ans qui n'ait déja quelque idée de l'enfer & du Paradis, choſes encore plus dificiles à ſe bien repréſenter.

Je ſai bien que toutes ces choſes ſe concoivent plus clairement à mezure que la raizon croiſt, mais cela ne prouve pas que dèz ſept ans les enfans ordinaires ne puiſſent en concevoir quelque choſe, quoiqu'obſcurément, auſſi les métodes pour enſeigner doivent elles être diférentes & proportionées aux ages diferens.

OBJECTION XVI.

Il paroît que vous bâtiſſez votre édifice de l'Education ſur l'anciene diſtinction du cœur & de l'eſprit ; je conviens avec vous que l'homme n'agit que par ſentiment, ou de plaiſir actuel pour le faire durer, ou de douleur actuelle pour la faire ceſſer ; que l'efperance d'un plaifir futur, ou regardé comme futur eft elle même un plaifir actuel, que la crainte d'une douleur future ou regardée comme future eft elle même une douleur actuelle ; je conviens, que fuivant votre diftinction, ce qu'il y a de plus important à bien diriger dans les enfans, ce font leurs fentimens, puifque de ces fentimens dépendent leur bone ou mauvaize conduite, leurs bones ou mauvaizes actions, leur bonheur & leur malheur.

Vous avez raizon de dire, que la prudence ou leur amour propre bien dirigé les empêchera de décider trop promtement, leur fera quelquefois prendre confeil, les rendra juftes & bienfaizans pour leur propre interêt, que cette prudence les portera à fufpendre leur jugement dans les chozes, qui ne font pas évidentes, à raizoner jufte, à cultiver leur mémoire, & à la remplir de faits & de démonftrations les plus utiles pour aquerir divers talens propres à fo diftinguer entre leurs pareils.

Tout cela eft vrai, mais il me femble que vous auriéz pû faire votre plan encore plus simple, en dizant qu'il n'y a proprement à perfectionner dans les enfans que l'intelligence qui comprend la conoiſſance du bien & du mal, je ſuis de l'avis de ceux qui diſent, *Omnis peccans eſt ignorans*, ſi nous prenons de mauvais parties, c'eſt parceque nous ne voïons pas *aſſéz clairement* qu'ils ſont mauvais, & combien ils ſont mauvais, celui qui a dit :

Video meliora proboque,
　　deteriora ſequor.

ne voïoit qu'obſcurément tout le bon du parti, qu'il ne prenoit pas, il ne faiſoit, que ſoubſoner, il ne voïoit que très imparfaitement tout le mauvais du parti qu'il prenoit, autrement, il ne l'auroit jamais pris, c'étoit un imprudent, mais il n'étoit imprudent, que faute de bien voir & de voir clairement tout le bien & tout le mal qui étoit à conſidérer dans chacun des deux parties, c'eſt à-dire, faute d'une Intelligence aſſez étendue, & aſſez éclairée, & de là je conclus, qu'il n'y a que l'intelligence, & ſur tout l'intelligence du bon & du mauvais, qui ſoit à perfectioner dans les enfans &

que le cœur fuivra toûjours l'efprit,
quand l'efprit fera fufizament éclairè
fur le bon & fur le mauvais des partis opoféz.

RE'PONSE.

1°. Notre difpute n'eft proprement
que de nom, car ce que j'apele prudence vous l'apeléz intelligence du
bon & du mauvais de chaque parti;
ce que vous apeléz perfectionner l'efprit des enfans, je l'apele perfectioner leur raifon, nous fomes jufques
là dans le fonds de même avis, mais
nous parlons, nous nous exprimons
diféremment.

2°. Pour perfectionner l'efprit des
enfans, vous convenéz, qu'il faut fur
tout leur montrer, & leur bien montrer combien il leur importe dê'tre
juftes pour éviter divers malheurs,
combien il leur importe d'être bienfaizans, & fur tout patiens dans les
injures, combien il leur importe de
bien juger, de bien raizoner, d'aprendre beaucoup de faits fur les arts &
fur les fiences.

3°. Nous fommes acoutuméz à reco-

noitre en nous la faculté qui ne fait
que voir, & que l'on apele esprit, intelligence, entendement, & de la distinguer très sensiblement de la faculté qui sent ou plaisir ou douleur,
qui veut, qui hait, qui desire, qui
craint ; qui se porte à agir, & que
l'on apele le cœur ou la volonté,
quoique ce ne soit que la même ame,
or cette distinction n'est elle pas bien
fondée ? & n'y a-t-il pas beaucoup
d'ocasions où l'ame ne fait que voir
sans aucun dezir, sans aucune crainte ni sans être portée à aucune action,
telle est la situation de l'ame, qui
voit une verité Aritmetique, une verité Géometrique, à laquelle elle est
déja acoutumée ; or comme il y a bien
des ocazions, où l'ame voit un malheur futur ataché prèsque toûjours
à une Nation injuste, & où elle le
craint en même tems assez pour s'en
éloigner, & quelquefois ne le voit
pas assez grand & assez certain pour
l'empêcher d'en vouloir courir les ris-
ques, afin d'obtenir un bien, qui s'y
trouve ataché, & qui est moindre en
lui même, & moins durable que l'esprit ne le voit alors ; l'esprit n'est pas

alors affez éclairé pour exciter, une crainte fufizament grande, du malheur qui eft à craindre, & pour diminuer le dezir du bonheur que l'on fe propofe en voyant qu'il fera réellement beaucoup moins grand, beaucoup moins durable, qu'il ne paroît à l'efprit troublé & obfcurci, ou par la fimple ignorance, ou par quelque paffion.

L'intelligence qui eft affez éclairée pour rendre l'ame fenfible au dezir ou à la crainte, à proportion que le bien eft dezirable, ou que le mal eft à craindre n'eft rien de diférent de la prudence ou de la raizon & c'eft cette raizon qu'il s'agit uniquement de cultiver & de perfectionner dans les enfans durant le tems de leur Education : ainfi nous convenons du fonds, quoique peut-être nous ne convenions pas entiérement des termes; mais pour les termes j'ai fuivi l'uzaje comun, & les diftinctions comunes pour me faire plus facilement entendre.

4°. Si vous diziéz que pour perfectionner la raizon des enfans, ils n'ont pas befoin d'aquerir aucune *habitude*.

bitude à faire l'éxamen des partis opoféz que demande la prudence, ou à
confulter les prudens avant que d'a-
gir, qu'il n'eft pas néceffaire, qu'ils
le foient fouvent arètéz à déliberer
ou à confulter avant que de fe déter-
miner, & qu'il leur fufit pour être
fort prudens d'avoir une fois bien veu
clairement qu'il eft néceffaire, que
l'éxamen ou le confeil précéde la ré-
folution, je ferois alors d'avis entiérement contraire au vôtre, non feulement quant aux termes, mais encore réellement quand au fonds, car
il faut avoir aquis par diférens malheurs l'habitude à éxaminer.

Si vous difiéz que pour rendre les
enfans fort juftes, & d'une juftice ferme & conftante, il n'eft pas néceffaire de leur mettre tous les jours devant les yeux cette premiére régle d'é-
quité : *ne faites point contre un autre &c.*
qu'il n'eft pas néceffaire de leur faire faire *tous les jours* l'aplication de
cette régle, qu'il n'eft pas néceffaire
de les loüer en certains cas, lorfqu'ils
ont furmonté une grande peine pour
obferver la regle, qu'il n'eft pas néceffaire qu'ils voyent *tous les jours*

dans leurs camarades, cette régle oſ-
ſervée & récompenſée par des loüanges, qu'il n'eſt pas néceſſaire, qu'ils
voyent tous les jours les infracteurs de
cette loi ſoufrir la honte, & les autres peines d'une injuſtice que leur a
fait faire leur impatience & leur colere; ſi vous diſiéz que pour les rendre conſtament juſtes, il ſufit qu'ils
ayent une bone fois veu bien clairement, combien il eſt prudent d'ê-
tre juſte, combien de maux l'injuſtice entraine après elle, qu'ils n'ayent
pas aquis l'habitude à ſe repréſenter
tous les motifs de la pratique de la
juſtice, je vous dirois, que je ne ſuis
point de votre avis, & qu'outre cette démonſtration qu'ils onteüe, il faudroit encore une grande & longue
habitude pour leur faire voir toujours
de quel côté eſt la juſtice dans toutes les ocaſions où ils ſe ſentent in-
tereſſéz, & tous les inconveniens de
l'injuſtice; je vous dirois, que ce n'eſt
pas conoître les homes qui ſont faciles à ſe fâcher & à s'énivrer de vin,
de colere, d'ambition, d'avarice, d'a-
mour, & qui ceſſent de voir clairement de quel côté eſt la juſtice & tou-

tes les suites facheuzes de l'injuftice
dès qu'ils font énivréz de quelque
paffion ; je vous dirois, que vôtre fif-
tême pouroit peut-êrre convenir aux
éfprits purs , que je fupofe fans paffions & fans befoin de bones habitudes , mais non aux hommes qui ont
à compter avec les effets , que les objets font fur eux par l'entremize des
fens , & qui ne fubfiftent pour ainfi
dire , que de leurs diverfes habitudes.

Je vous dirois la même chofe fur
les trois autres objets de l'Education,
Il faut des répetitions journalieres, il
faut même des exemples journaliers
pour aquerir des habitudes, & fans
habitudes & de longues habitudes :
rien ne refte, ni dans l'efprit, ni dans
la volonté, au lieu qu'avec le fecours
des habitudes tout y refte, tout y dévient comme naturel ; c'eft l'arbre qui
étoit né courbé, qui dévient droit
par l'art de l'agriculture, c'eft l'arbre, qui fans le fecours de ce même
art eût porté de mauvais fruits, &
qui en porte de bons avec l'invention
de la greffe & de la culture.

On peut juger de ce que poura l'habitude au bien qui aura été prize dans

nos Coleges par le grand effet, que produit l'habitude à l'erreur dans les fausses Religions humaines. Quelle quantité prodigieuze d'abfurditéz, d'impertinences, d'extravagances, d'erreurs, de faufletéz, d'ignorances grofsieres; un homme habile, fenfé, dèz-intereffé & non prévenû, ne trouve-t-il pas dans l'Alcoran des Mahometans ? Or que produit en eux la longue habitude de l'Education, & les nombreux exemples ; je dis même parmi plufieurs de ceux qui ont d'ailleurs du bon fens & des connoiffances ; cette habitude d'Education, fait que les chofes abfurdes leur paroiffent fenfées, que les impertinences, leur paroiffent convenables, que les extravagances leur paroiffent raizonables.

Je fupoze ce qui eft vrai, que les Précepteurs & les Régens à force de montrer tous les jours & plufieurs fois par jour, les malheurs que cauzent dans cette vie, & que cauzeront dans la feconde vie, les injuftices aux injuftes, & fur tout telles & telles injuftices, ils parviendront à lier tellement l'idée d'injufte avec l'idée de malhureux, qu'ils ne pouront prefque plus regarder toutes les injustices qu'avec une espece d'horreur.

Alors à force de cette multitude de preuves & de representations de ces maux nécéssairement atachéz à l'injustice, il se formera dans l'Ecolier une espece de jugement habituel qui éxcitera le sentiment d'horreur, c'est ce que j'apele habitude à haïr, à fuir tout ce qui se presente sous la forme de l'injustice à peu près come on hait ; comme on fuit tout ce qui se presente sous la forme d'un crapau, ou d'un serpent.

Je sai bien que le sentiment d'horreur supose un jugement précédent, que la chose, dont on a horreur, est regardée comme cauze prochaine d'un grand mal, mais ce n'est pas un simple jugement spéculatif, c'est un jugement de sentiment & un jugement habituel, une maniere habituelle de juger telle ou telle action digne d'horreur come devant bien-tôt produire de beaucoup plus grans maux qu'elle ne produira de grands biens.

Quand l'Ecolier a contracté l'habitude de regarder ainsi toute injustice comme un grand mal qu'il doit sougneuzement éviter, il n'a plus bezoin ni de se repréfenter tous les maux que cauzeroit l'injuftice, ni de fe rapeller toutes les preuves qu'on lui a aportées à diverfes reprizes, des malheurs que l'injuftice a cauféz, ainfi cette hureufe habitude fuplée au défaut de notre imagination, de notre mémoire, & conduira l'Ecolier auffi feurement & auffi conftamment vers la juftice que s'il étoit doüé d'une intelligence fuperieure à toute intelligence humaine.

Telle eft la force de l'habitude à craindre ce qui eft véritablement digne d'horreur, & à defirer beaucoup ce qui eft véritablement très dezirable; or vous conviendrez que cette habitude à fentir, à juger par fentiment, eft quelque chofe de fort diferent & de bien plus éficace que ce que l'on apele jugement d'intelligence & de pure fpeculation, auquel cependant il femble que vous atribuéz tant d'éficacité.

Il me femble donq que vous êtes de mon avis dans le fonds fur mon plan d'éducation, mais fi pour rézifter aux paffions qui obfcuriffent l'intelligence, vous n'admettéz pas la néceffité des cinq habitudes que je propofe, je ne dois pas être du votre.

OBJECTION XVII.

Pour mettre bien en pratique toutes vos obſervations, pour imaginer les meilleurs moyens de les faire pratiquer journellement & facilement aux enfans, il faudroit des Régens de claſſe & des Préfets de chambre d'un eſprit excellent, & nous n'avons preſque perſone de ſemblable.

RE'PONSE.

1°. JE ſupoze que ces Régens & ces Préfets de chambre auront dans peu d'anées leur tablature toute formée dans laquelle leurs fonctions principales ſeront toutes tracées pour chaque mois, pour chaque ſemaine, & même ſouvent pour chaque jour, par raport à tout ce qu'ils auront à faire pratiquer aux enfans de leur claſſe, ſoit pour rectifier leurs ſentimens, ſoit pour éclairer leur éſprit, ainſi ils n'auront qu'à ſuivre cette tablature ; or pour la ſuivre, il ne faut qu'un eſprit mediocre, & ſeulement une routine, ainſi il ne faut

que peu d'efprit & peu d'habileté pour
la fuivre.

2°. A la bone heure que parmi ces
Régens il fe trouve quelquefois des
efprits fuperieurs propres à doner de
bons avis pour perfectionner un jour
cette tablature dans une pratique plus
aizée, mais les efprits du comun fu-
firont pour executer les pratiques &
les métodes que les efprits fuperieurs
auront inventées, & qui auront été
aprouvées par le confeil de l'Education; car je m'imagine, que toutes
ces tablatures & ces métodes pouront
fe perfectionner tous les dix ans par
de bones obfervations, mais hureuzement il ne faudra que des homes
d'un efprit médiocre pour les mettre
en execution.

3°. Je conviens, qu'il faut du tems
pour avoir ces tablatures, ces canevas, ces métodes, ces traits d'hiftoire,
ces Romans vertueux, ces petites fcénes dans une perfection convenable,
mais de bons efprits y travailleront.
On là comencera & les fuccéz des
commencemens fur certaines parties
de ce projet, doneront couraje de perfectionner le refte, fur tout fi ceux

qui

qui gouvernent les états, établiſſent chez eux un conſeil d'Education.

OBJECTION XVIII.

Si on ſuit votre plan on enſeigne-ra partie de toutes les ſiences, & partie de tous les arts dans toutes les claſſes ; ſavoir les parties les plus fa-ciles dans les plus baſſes, & les par-ties les plus dificiles dans les plus hau-tes, afin qu'au ſortir des claſſes co-munes, l'écolier avant que d'entrer dans les claſſes de profeſſions particuliéres, ſache déja un peu de tout, & c'eſt proprement l'aquiſition de la cinquiéme habitude que vous recomandéz, & comme vous recommandéz quatre fois davantaje, l'aquiſition & la pratique des quatre autres habitudes, il ſe trou-vera que cet Ecolier ſera d'autant moins exercé dans la cinquiéme ſur les langues, ſur les arts & ſur les ſiences, qu'il aura été plus exercé dans les quatre autres; ainſi Il ſaura moins de tout en ſuivant votre plan, & en ſortant des claſſes comunes, qu'il n'en ſait preſentement dans le plan de l'E-ducation d'aujourd'hui.

RÉPONSE.

1°. Dans le nouveau plan il n'y a ni jours de conjé, ni vacances, ainsi il y a un quart plus de tems pour l'Education, & par conſequent pour les arts, pour les ſiences, & pour les langues.

2°. La grande varieté de chozes à aprendre pour les cinq habitudes journalieres, fera qu'ils n'auront pas bezoin d'heures de pur délaſſement.

3°. A la bone heure que l'Ecolier ſache moins de latin, pourveu qu'il en ſoit plus prudent, plus juſte, plus bienfaizant, & qu'il raizone plus juſte ; c'eſt le principal but de ce nouveau plan, qui done plus de tems au plus important pour le bonheur de l'enfant, & pour le bonheur de la ſocieté, qu'au moins important.

4°. Je conviens que juſqu'à ce que la tablature de chaque claſſe ſoit faite par mois & par ſemaine, où ſoient employez ces diférens exercices, on ne peut pas bien voir juſques où l'enfant ſaura de chaque art, de chaque ſience, mais il eſt certain du moins qu'il

faura beaucoup plus de tout ce qui
lui eſt plus important pour ſon propre bonheur, & pour le bonheur
de ſa nation.

5°. J'ai déja marqué qu'à l'ocazion d'un morceau d'hiſtoire où l'on
exercera la droiture du cœur, & la
juſteſſe de ſon eſprit, on ne laiſſera
pas d'exercer encore la mémoire ſur des
faits qui regardent les arts & les ſiences ; ainſi il ſortira du Colege auſſi
inſtruit par raport à l'eſprit, & beaucoup plus diſpoſé à la pratique de la
vertu, ce qui eſt d'une beaucoup plus
grande importance que toutes les con-
noiſſances de l'eſprit.

OBJECTION XIX.

Il y a aſſez d'hiſtoires inſtructives,
ſans qu'il ſoit beſoin de doner aux
enfans des Romans vertueux.

RÉPONSE.

1°. La plûpart des hiſtoires ne ſont
pas acomodées ni proportionées à
l'eſprit des enfans, & ſi on vouloit
les y acomoder & en faire de peti-

tes scènes, de petits dialogues, n'en feroit-on pas de petits Romans ?

2°. Les comedies serieuzes ne laissent pas d'inspirer des sentimens vertueux à l'auditeur, quoiqu'il sache que ce ne sont que des fictions.

3°. Dès qu'il est permis de feindre des circonstances & des scènes dans ce que nous avons d'historique pour mieux faire entrer la vertu dans l'ame de l'Ecolier, pourquoi selon le bezoin ne pas feindre quelquefois les faits principaux pour mieux réussir au même dessein ?

4°. En géneral pour faire plus d'impression sur l'esprit des enfans il faut des scènes ; il faut du Dialogue, & en langue maternelle : or pareils dialogues ne sont-ce pas fictions ? Alors on peut regarder ces fictions utiles, comme des échafaudages, qui peu utiles par eux mêmes n'ont pas laissé d'être fort utiles à construire un bel edifice très utile.

OBJECTION XX.

Si tous les jours vous repétés les mêmes histoires, les mêmes précé-

ptes aux enfans & aux mêmes heures
sur la prudence, sur la justice, sur
la bienfaizance, sur la justesse du raizonement, vous les ennuiréz des préceptes mêmes de la vertu.

RÉPONSE.

Il y aura naturelement dans l'éxercice de ces quatre habitudes, au moins
la même varieté qui se trouve dans
l'éxercice de la cinquiéme, qui a pour
objet d'enseigner quelque chose des
langues, des arts & des siences, parceque chacune de ces quatre vertus a
comme la cinquiéme un nombre prodigieux de subdivizions ; ainsi on
peut dire, que ce ne seront presque
jamais, ni les mêmes exemples, ni les
mêmes faits, ni les mêmes loüanges,
ni les mêmes blâmes, ni les mêmes
scènes : toutes les instructions iront
b en aux quatre mêmes fins, c'est-à-
dire à augmenter les quatre mêmes
habitudes, mais les routes seront toutes diversifiées, & ce sera cette diversité prévüe par le Régent, & non
prévüe par les Ecoliers qui en fera le
charme, & d'ailleurs des répetitions

éloignées, ne s'aperçoivent point ou
plaifent même, loin de déplaire,
parcequ'elles foulagent & facilitent la
mémoire qui aloit fe perdre.

OBJECTION XXI.

Pourquoi n'avés vous pas fuivi la
divizion des Filofofes anciens pour les
vertus, lorfqu'ils ont dit, qu'il y a-
voit quatre vertus Cardinales, prudence, juftice, force, & temperance?

RE'PONSE.

Je trouve que cette divizion n'eft
pas jufte, ce qui eft une faute ef-
fentielle dans une divifion, car 1°. ni
la force, ni l'ardeur, ni le couraje,
ni la conftance ne font pas proprement des vertus, mais des maniéres
d'être de la vertu, l'amour de la juftice du bien publiq eft courageux,
ardent, conftant, ces modes ou maniéres d'être convienent à toutes les
vertus.

2°. La temperance n'eft qu'une partie, n'eft qu'un effet de la prudence, qui eft du nombre de ces préten-
dües vertus Cardinales.

3°. Comme le but de l'Education est de diriger cette inclination invincible que nous avons pour le plaisir, & cette aversion invincible pour la douleur, que nous apelons amour propre, & comme cette direction est proprement ce que l'on nome prudence, il a falu tout raporter en un sens à la prudence, ensuite il a falu examiner, qui sont les habitudes les plus importantes pour diminuer nos maux, augmenter nos biens, & pour porter la prudence au plus haut poinct.

J'en propose quatre, auxquelles toutes les autres se raportent, deux pour le cœur ou pour les sentimens, savoir justice & bienfaizance, & deux pour l'esprit savoir justesse de raizonement & culture de la mémoire sur les chozes les plus utiles, qui sont les arts & les siences beaucoup plus que les langues, lesquelles ne sont utiles, elles mêmes, qu'autant qu'elles contribuent à nous enseigner les arts & les siences.

Ce sont les quatre parties principales de la prudence, qui devient vertu crètiéne, quand nous la prati-

quons pour plaire à l'être fouverainement bienfaizant Auteur de la nature & de la grace, & qui n'eft que
vertu humaine, quand le motif en
eft purement humain, c'eft-à-dire lorfqu'il ne s'étend qu'à la confideration
des biens & des maux de notre vie
préfente.

OBJECTION XXII.

Dans l'article de l'habitude à la
prudence, vous faites entrer l'habitude à l'examen du bon & du mau-
vais, du bon & du meilleur, du
mauvais & du plus mauvais comme
partie de la prudence. Pourquoi n'y
faites vous par entrer l'examen du
vrai & du faux, du certain & du
vraifemblable, du plus ou du moins
vraifemblable, du plus ou du moins
douteux ?

RÉPONSE.

J'ai dit en quelque endroit, que
je regardois la prudence comme la
vertu générale, qui regarde l'interêt
propre ou l'amour propre, & que l'on

devoit regarder les quatre autres habitudes, comme les quatre principaux
moyens de bien regler son amour
propre sur ses plus grans interêts.

Mais si vous y avez pris garde, j'ai
regardé aussi ces quatre habitudes sub-
ordonées, non seulement en tant qu'elles doivent être avantajeuzes à l'enfant,
mais encore en tant qu'elles doivent être avantajeuzes à ses parens
& au reste de ses Concitoyens ; & en
conséquence, j'ai cherché à distinguer
les deux habitudes propres à perfectionner les sentimens du cœur, des
deux autres habitudes propres à perfectionner les lumieres de l'esprit : or
avec ces considerations la place que j'ai
donnée a la quatriéme habitude me
paroit fondée en raizon sufizante, pour
ne pas confondre conoissance du
bon & du mauvais, qui nous
fait dezirer l'un, & qui nous fait fuir
l'autre avec la conoissance du vrai &
du faux, du certain & du douteux,
du plus ou du moins vraisemblable,
lorsque cette conoissance n'interesse
que notre curiosité, & lorsqu'elle ne
contribue que peu à augmenter notre bonheur, & à diminuer nos malheurs.

OBJECTION XXIII.

Sous quelle habitude placez vous la probité, la compassion, l'indulgence, l'humanité, la discretion ?

RE'PONSE.

Quand on veut y penser on trouve que toutes les actions loüables se raportent à ne point faire de mal, point de tort, point d'injustice aux autres, & principalement à leur procurer, des plaisirs, des biens, des avantajes présens & futurs.

Or dans ce sens l'exacte probité est une exacte justice dans le comerce.

La compassion regarde les secours, que l'on done à ceux qui soufrent, si ces secours sont dus, c'est justice, s'ils ne sont pas dus c'est bienfaizance.

L'indulgence pour les fautes & pour les défauts des autres, est de même quelquefois justice, & le plus souvent bienfaizance.

L'humanité est quelquefois compassion, quelquefois indulgence.

La difcretion, quand elle regarde les chofes que les autres veulent
être cachées eft de même quelquefois
une action de juftice, quand on doit
le fecret, quelquefois une action de
bienfaizance ; quand on ne le doit
pas.

On peut dire en général qu'il y a
dans l'homme des qualités de cœur &
d'efprit fimplement eftimables , qui
ne regardent que fon propre bonheur
& fou pur amour propre, lorfqu'il ne
s'embaraffe point de procurer le bonheur des autres ; telle peut être la
temperance , l'habileté dans les afaires , l'Economie , la bravoure , l'aplication ; quand celui, qui les a , n'a
pour but que d'augmenter fon propre
bonheur fans fonjer à augmenter le
bonheur des autres , ces qualitez font
eftimables pour lui , mais elles ne font
ni aimables , ni vertueuzes, ni dignes
de loüanges & de récompenfes tant
qu'elles ne regardent que lui.

Si l'homme fait uzaje de ces qualitéz non feulement pour lui , mais encore pour procurer l'augmentation du
bonheur des autres , alors elles font
plus qu'eftimables , elles font encore

aimables, vertueuzes, dignes de loüân-
ges & de récompenfe : celui là par
exemple, qui feroit peu de dépenfe
pour pouvoir affifter davantage les
pauvres, auroit une Economie vertueuze & digne de loüange.

Mais il y a des qualitéz, qui par
leur nature font non feulement éftimables, mais encore très aimables &
trèz loüables; par exemple le pardon
des injures, l'indulgence, la douceur,
la patience fans murmure, la prévenance, la politeffe, la complaizance,
la difcretion, la liberalité, toutes
qualitéz qui font des efpéces de bienfaizance; car on ne fauroit pratiquer
ces qualitéz, qu'il n'en refulte des
avantajes pour les autres, & des avantajes qui font au delà de la juftice
qu'on leur doit, & ainfi ces qualitéz font par elles mêmes non feulement eftimables, mais encore aimables
& dignes de loüanges, c'eft l'amour
propre bien dirigé; c'eft l'amour propre vertueux, qui nous rend le plus
femblable à l'être bienfaizant, en quoi
confifte la plus grande perfection des
homes, & le culte le plus parfait de
la divinité.

La justice elle même est estimable & aimable, mais elle n'est pas si aimable, ni si vertueuze que la bienfaizance, qui va plus loin que la justice pour procurer l'augmentation du bonheur des autres.

On peut donq dire que toutes les qualitéz estimables du cœur sont comprizes sous ces deux genres ; justice, qui a pour but de ne cauzer aucun mal, aucun tort à persone ; & bienfaizance, qui a pour but non seulement de faire justice, & de rendre tout ce qui est deu, mais encore de doner ce qui n'est pas deu.

OBJECTION XXIV.

Vous demandéz que chaque jour de l'Education, le cœur de l'Ecolier soit du moins aussi exercé par la crainte & par l'esperance, que l'esprit par le raizonement & par la mémoire, nous savons déja les métodes pour exercer l'esprit, mais nous sommes peu instruits de la valeur & de l'eficacité des métodes propres à inspirer de l'aversion pour le mal, & de l'inclination pour le bien ; de l'aversion pour

les injuſtices & de l'inclination pour
les œuvres de bienfaizance.

RÉPONSE.

1°. Les lectures hiſtoriques, 2°. les
réfléxions Filoſofiques que l'on fait faire aux Ecoliers ſur les actions de juſtice, d'injuſtice, de bienfaizance;
3°. les repréſentations téatrales de ces
actions des diſcours vertueux, 4°. les
peintures vives des Orateurs, des malheurs cauſéz par les vices, & des
grandes récompenſes procurées par
les vertus ſont les quatre principales
métodes, que l'on doit employer pour
fortifier les habitudes à la juſtice & à
la bienfaizance; or il eſt vizible, qu'a-
vec le tems ces métodes ſe perfectio-
neront très ſenſiblement, parceque d'habiles gens en verront la grande importance, & s'apliqueront par conſequent
à les perfectionner les unes après les
autres, & s'apliqueront davantage à
perfectionner les plus eficaces.

Je ſai bien que les ocazions im-
prevües pour ce qui regarde le per-
fectionement des ſentimens du cœur
font beaucoup plus d'impreſſion ſur

l'esprit des enfans que les éxemples
prévûs par le Régent, & marquéz
dans la tablature, mais je suis persuadé qu'outre ces ocazions imprévües qui
font plus d'impreſſion à cauze de la
surprize, il ne faut pas negliger de
prévoir ce qui doit chaque jour exciter dans l'Ecolier les sentimens de crainte pour l'éloigner de l'injuſtice, &
les sentimens d'esperance pour lui faire
naître le desir de faire des actions de
bienfaizance.

Il faut donq de la préparation pour
perfectioner le cœur de la même maniere qu'il faut de la préparation dans
le Régent pour perfectioner l'esprit;
il ne faut pas tout atendre du hazard,
& il faut que le Régent & le Préfet
de chambre préparent leurs matieres
pour inspirer les habitudes à la vertu, lectures hiſtoriques, réflexions Filoſofiques, petites scènes, paſſajes écrits
oratoirement ou en Epigrammes, ou
comme bons mots, autrement presque
toutes les heures de l'éducation se trouveront insensiblement employée à ne
faire que perfectioner l'esprit de l'enfant, ce qui eſt retomber dans les
grans inconveniens de notre éduca-

tion préfente, qu'il s'agit de rendre beaucoup meilleure par raport aux fentimens & aux motifs qui doivent nous faire agir le long du jour.

OBJECTION XXV.

Il femble que l'Auteur à l'égard du motif des entreprizes loüables voudroit que l'on adoptât pour formule *au plus grand bien des hommes pour plaire à l'Etre bienfaizant* ; or pourquoi ne pas adopter une formule déja conuë à la plus grande gloire de Dieu ?

REPONSE.

1°. Dans le fonds le but eft le même, puifque ce que l'on entreprend, foit pour l'utilité de ceux que Dieu aime, foit pour la gloire de Dieu a toujours pour but *de plaire à Dieu.*

2°. Cette expreffion l'*Etre bienfaizant* fert à nous porter, & à la reconnoiffance qui eft charité ou *amour*, & à l'imitation, qui eft le *culte* le plus parfait.

3°. Par cette expreffion, *à la plus grande gloire de Dieu*, il femble que l'on veüille infinuer que Dieu nous demande

mande plûtôt de le loüer que de l'i-
miter, cependant il est seur que le culte
le plus parfait c'est l'imitation.

4°. Le défaut des ignorans c'est de
faire Dieu semblable aux hommes im-
parfaits, qui desirent des distinctions
& des loüanges, ils devroient bien
plûtôt porter les homes à devenir sem-
blables à l'Etre parfait, dont la plus
grande perfection est d'employer sa
sajesse infinie, & sa toute puissance à
faire du bien à des êtres libres & immortels.

Il est vrai que les homes aiment la
gloire, mais nous sentons qu'il seroit
plus parfait d'aimer la bienfaizance
qui merite la gloire, que d'aimer la
gloire même, qui n'est qu'une recompense des bienfaits.

Or dans une pareille formule du but
que l'on doit se proposer, convient-il
d'uzer d'expressions qui peuvent porter les ignorans à croire que l'Etre parfait nous ressemble dans le goût que
nous avons pour la gloire & pour les
loüanges; ce goût est en nous une sorte
d'imperfection, qui à la verité est
utile à la societé par les bezoins que
nous avons les uns des autres, les uns

de bienfaits & les autres de loüanges ;
mais fi l'on y prend garde toujours bezoins, & par confequent imperfections.

Telles font les raizons qui me font
préférer cette formule pour le but de
nos actions, au plus grand bien des
hommes , *pour plaire* à l'Etre bienfaizant.

OBJECTION XXVI.

Dans votre plan il femble que plus les
Coleges font peuplez d'Ecoliers plus ils
font dezirables à cauze du plus grand
nombre d'exemples de punition des vices, & de récompenfe des vertus & des
talens ; mais il y a un inconvenient, c'eft
que le Préfet principal du Colege aura
trop d'afaires pour doner ordre à toutes ; ainfi il arivera dans un grand Colege beaucoup plus de dezordres que
dans un petit , comme il arive plus de
dezordres dans une grande Vile que
dans une petite.

RE'PONSE.

Quand un Colege eft deux fois trop
nombreux , il n'y a qu'à en faire deux

Coleges, les neuf classes comunes, à soixante Ecoliers chacune l'une portant l'autre, font cinq cens quarante ; & les cinq classes des cinq professions particulieres à soixante chacune feroient 300. & celle où il faudroit étudier deux ans feroient le double, de sorte qu'un Colege complet auroit plus de mille Ecoliers ; or en supozant un nombre fizant de bons Précepteurs, & des punitions & des récompenses sufizantes, il n'y aura point de dézordre à craindre; le bon ordre dépend de la bonne discipline, & du nombre sufizant de bons Oficiers des Coleges.

OBJECTION XXVII.

Il y a une tablature pour les Coleges des Jesuites imprimée à Anvers sous le titre de *Ratio studiorum* ; je voi bien que vous en demanderiés une semblable par raport à votre plan, sur tout par raport aux habitudes de la justice & de la bienfaizance, mais n'atendés pas ce travail d'un particulier.

R E'P O N S E.

J'ai lû le *Ratio ſtudiorum* imprimé à
'Anvers en 1635. c'eſt un ouvrage excelent par raport au vieux plan d'éducation que les Jeſuites avoient trouvé
tout établi dans les Univerſitez , &
dans lequel nos ancêtres paroiſſent avoir
beaucoup plus vizé à perfectioner l'eſprit , & à cultiver la memoire qu'à
perfectioner l'habitude à la pratique de la juſtice & de la bienfaizance
pour augmenter ſon bonheur ; on peut
dire qu'ils ont perfectioné ce vieux plan
à peu près autant qu'il étoit perfectio-
nable en ce tems là , où l'on croyoit
encore que le Grec & le Latin étoient
des moyens fort importans pour augmenter de beaucoup ſon propré bonheur , & le bonheur de ſes compatriotes.

Plut à Dieu que d'auſſi bons eſprits
que ceux qui ont compilé, & formé il
y a cent ans , cette eſpece de tablature pour toutes les claſſes des Coleges , employaſſent autant d'aplication à
former une pour l'execution du nouveau plan , dans lequel on vize bien

moins à augmenter les lumieres de l'eſprit , qu'à en faire un excelent uzage
pour augmenter le bonheur des hommes.

Mais pourquoi ce qui s'eſt déja fait
avec ſuccèz par nos prédéceſſeurs plus
ignorans que nous , pour perfectioner
un ancien plan très défectueux , ne
pourroit-il pas ſe faire par leurs ſucceſſeurs plus éclairéz qu'eux pour executer un plan nouveau , qui eſt incomparablement plus beau & plus utile;
ils ont trouvé le moyen de divizer l'é-
tude ou l'habitude du Latin en cinq
ou ſix claſſes ; pourquoi ne trouve-
roit-on pas le ſecret de diviſer l'étude
ou l'habitude à la juſtice & à la bienfaizance pour plaire à Dieu , dans toutes les claſſes par des répetitions journalieres , mais diverſifiées ?

Pourquoi pluſieurs particuliers , chacun de leur côté ne voudroient-ils pas
travailler à faire la divizion des diſcours, des hiſtoires, des ſcènes , des
lectures, des exemples, des loüanges ,
des blames , des motifs qui peuvent
conſpirer à former l'habitude aux actions de juſtice & de bienfaizance ?
Pourquoi chaque Univerſité ne pour-

roit-elle pas par ſes députés, former une petite Congrégation qui choiſiroit ce qu'il y aura de meilleur & de plus praticable dans ces divers eſſais de tablatures, pour en former une tablature générale, ſur tout ſi les Auteurs de ces tablatures ont ſoin de motiver chacune des régles qu'ils propoſeront; ainſi l'execution eſt à la verité dificile, mais pourquoi la regarderoit-on comme impoſſible ?

Il eſt bon même de remarquer que cette tablature des Coleges des Jeſuites n'a pas été d'abord porté à un ſi haut poinct de perfection, témoin l'ouvrage même de ce *Ratio ſtudiorum* de l'édition de 1635. qui en ſupoſe d'autres bien moins parfaites, & c'eſt ce qui prouve que les ouvrajes humains doivent toujours ſe perfectioner avec le ſecours des nouvelles démonſtrations, & ſur tout avec le ſecours des experiences, & des nouvelles réflexions ſur les experiences.

OBJECTION XXVIII.

Les Princes ſeront mieux élevés dans la maizon paternelle par des Gouverneurs & par des Précepteurs habiles,

& d'une grande réputation de vertu
que dans les Coléges.

RÉPONSE.

1°. Rien n'empêche qu'ils n'ayent
au Colége ces mêmes Gouverneurs &
Précepteurs habiles & vertueux.

2°. Ces Précepteurs peuvent être
très habiles & très vertueux sans être
habiles Précepteurs, au contraire comme ils sont ordinairement nouveaux
dans le métier de Précepteur, ils y
font plusieurs fautes qu'ils ne feroient
pas s'ils pouvoient comodément con-
ferer dans le Colége avec des Précepteurs qui ont autant d'esprit qu'eux,
& qui ont vingt ans d'experience de
plus sur l'éducation des enfans, afin
de les conduire quelquefois par les
plaisirs & par des esperances, quelquefois par des craintes salutaires, vers les
qualitez vertueuzes & vers les talens
les plus utiles; ils seroient excelens
Précepteurs dans une seconde éducation, mais ils ne font que mediocres
dans la premiere, sur tout s'ils élevent
le Prince dans la maison.

3°. Il y a un très grand nombre

de vérités importantes, dans la conduite de la vie que les Princes aprendroient, par le comerce des camarades
vertueux & spirituels, qu'ils ne sauroient aprendre parmi des domestiques,
& sur tout ils aprendront bien mieux
dans le Colege en quoi consiste la justice & l'injustice, & ils verront bien
mieux par les punitions des injustices
des Ecoliers, combien l'injustice est
odieuze, & combien la justice exacte
est aimable : or l'amour pour la justice
n'est-ce pas la plus importante vertu
d'un Prince, & sur tout d'un Prince
destiné à gouverner ?

Les camarades Ecoliers font bien
moins flateurs que les homes faits, &
les Princes ont bezoin qu'on leur montre souvent les actions & les qualités
par lesquelles ils puissent se faire aimer,
& se faire véritablement estimer, &
la conduite qui mene naturellement à
se faire hair & méprifer ; or les camarades enfans dizent aux Princes la vérité avec beaucoup moins de déguì-
zement.

4°. Les punitions & les récompenfes des autres Ecoliers qui font frequentes, aprendroient au Prince ce qui
est

eft véritablement loüable & plus loüiable, & ce qui eft véritablement blamable & plus blamable, il n'a pas ce grand avantage dans l'éducation domeftique.

5o. Le Prince conoîtra dans fa claffe, & même dans les autres claffes fuperieures & inferieures par les diferentes marques d'honeur, les Ecoliers qui ont de la fuperiorité fur les autres du côté de la vertu & du côté de l'intelligence, & tâchera un jour de les élever & de les aprocher de lui pour fon propre avantage, & chacun d'eux pour mériter fon eftime travaillera à l'envie pour réuffir à fes exercices.

6o. Les Princes élevés dans la maifon paternelle ne favent pas fi bien les régles d'honêteté, de politeffe, & les autres régles de bienféance.

7o. Ils font plus long-tems craintifs, timides, fauvages, trop retirés, craignant & fuyant la bone compagnie.

8o. Les enfans parlent beaucoup plus enfemble qu'avec les grandes perfones dont ils n'entendent prefque pas le langage.

Or l'habitude à parler & à parler à propos eft d'autent plus néceffaire à une persone que sa place est plus élevée.

C'est aux Princes à doner le prix aux choses ; leurs exemples, leurs discours sont des especes de loix pour leurs sujets, & pour en être mieux servis, ils ne sauroient mètre un trop haut prix à la vertu, & aux talens les plus utiles.

OBJECTION XXIX.

Il paroît que vous n'estimez gueres les avantajes que l'on peut tirer du Greq, du Latin & des Auteurs profanes, qui ont écrit dans ces Langues.

RÉPONSE.

Ce n'est pas que je n'estime la conoissance de ces Langues, mais il est vrai que j'estime incomparablement davantage la crainte d'être injuste, & le desir d'être bienfaizant, & que je préfererai toûjours de beaucoup, de fortifier dans les enfans, l'habitude à la pratique de ces vertus, que l'habitude à la profonde conoissance de ces Langues, qui ne nous aprenent plus rien de fort important que nous ne puis-

sions facilement avoir, & même plus
parfait dans notre Langue, à cauze des
traductions, & à cauze du grand progrez qui est arivé dans les arts & dans
les siences depuis les anciens.

Or persone ne disconviendra de la
maxime, qu'entre deux avantages que
l'on peut procurer aux enfans, il faut
préferer le plus grand, & les faire
apliquer à l'aquisition des habitudes à
proportion qu'elles doivent être plus
utiles à eux, à leur famille, & à leur
patrie.

OBJECTION XXX.

Vos principes sont bons, vos consé-
quences en sont bien tirées, mais vous
en tirés trop. Vous ne laissés pas assez
de quoi en tirer à vos lecteurs : vous
proposéz prontement tout ce que l'on
devroit faire pour avancer prontement
vers la perfection, cela fait que vous
donés prize aux esprits superficiels qui
se choquent aizément de la nouveauté,
quoique apuyée dans le fonds de la raison il leur est aizé de jeter une aparence
de ridicule, sur des observations très
sensées & très raisonables.

Z ij

RE'PONSE.

Je travaille pour le bien publiq &
même pour les homes futurs, & je
ne crains point d'être en bute aux faux
ridicules, pourveu que les perſones raizonables puiſſent un jour profiter de
certaines conſéquences, qui auroient
peut être été lontems à tirer, par la même crainte que les autres auront du
faux ridicule. Le bon Citoïen laiſſe plai-
zanter les faux plaizans, & marche
ſon train ordinaire vers la plus grande
utilité publique ; il ne ſe craint pas non
plus que Fabius d'eſſuïer les plaizan-
teries mal fondées de ſes Concitoïens,
pourveu qu'il puiſſe leur procurer de
grans avantajes.

Il me ſemble qu'il eſt difficile de
mieux loüer un Citoïen courajeux que
le fut le grand Fabius par ce vers d'En-
nius.

Non ponebat enim rumores ante ſalutem.

DISCOURS

SUR LA GRANDEUR

ET LA

SAINTETE' DES HOMMES.

DISCOURS

*Sur la Grandeur & sur la Sainteté
des hommes.*

On deſſein eſt d'éclaircir dans ce diſcours deux vèritéz importantes à la ſocieté.

La premiere eſt *la diféreuce qui eſt entre homme illuſtre & grand homme.*

La ſeconde eſt *la diférence qui eſt entre grand homme & grand Saint.*

DIFE'RENCE

*Qui eſt entre l'homme illuſtre & le
grand homme.*

Il ne faut pas confondre comme le peuple l'homme puiſſant aveq le grand homme : la puiſſance vient ſouvent, ou par la naiſſance , ou par diféren-

Z iij

tes conjonctures de la fortune, ou plûtôt par diferens arangemens exterieurs de la providence ; mais l'homme ne devient grand que par les seules qualitéz interieures de l'esprit & du cœur ; & les grands bienfaits qu'il procure à la societé ; & ce sont ces grans hommes qui méritent notre estime, nos loüanges & notre rèspect ; car pour le respect exterieur, c'est le partage de l'homme puissant : il ne faut pas non plus confondre le grand homme avec l'homme illustre, nous alons en marquér plus précizément la diférence.

Chaque nation a ses *Grans hommes.* Nous somes portéz naturélement à les comparer entre eux, mais nous ne saurions bien discérner lequel est le plus grand qu'en comparant.

1°. La grandeur de leurs talens pour surmonter les grandes dificultés.

2°. La grandeur de leur zéle pour le bien publiq.

3°. La grandeur des avantages qu'ils ont procuréz, ou aux homes en general, ou à leurs Concitoïens en particulier.

EPAMINONDAS, ALEXANDRE, SOLON.

Epaminondas paroît le plus grand homme d'entre les Capitaines Grecs. Il est vrai qu'Alexandre a fait plus de bruit par ses grandes Conquêtes ; mais les dificultés qu'il a surmontées, étoient à tout prendre, moins grandes que celles qu'a surmonté Epaminondas : or c'est la grandeur des dificultés surmontées, qui prouve la grandeur des talens, la grandeur du courage, & la grandeur de la constance ; d'ailleurs ce qui est décisif dans la comparaizon de ces deux hommes ; c'est que les entreprizes d'Alexandre n'avoient pour motif rien de loüable, puisqu'il n'agissoit que pour son propre interêt & pour son propre agrandissement ; motif, qui n'a rien de véritablement grand; au lieu qu'Epaminondas avoit pour motif de ses entreprizes, le salut & les grans avantages de ses Concitoïens ; motif très vertueux, & par conséquent très loüable : aussi Epaminondas procura plus d'avantages à sa patrie qu'Alexandre à la sienne ; ainsi Epaminondas eſt grand homme , & Alexandre n'eſt qu'un Conquerant , un guerrier, un Capitaine célébre , un Roi d'une grande réputation entre les Rois, en un mot ce n'eſt qu'un *homme illuſtre*.

Il eſt *permis* de n'avoir pour motif de ſes deſſeins que les interêts particuliers lorſqu'il n'y a rien d'injuſte ; il eſt même permis d'avoir pour motif, ſes plaiſirs lorſqu'il n'y a rien que d'*inocent* & de conforme à la bienſéance. Agir uniquement pour ſes interêts, pour augmenter ſa fortune ou ſes plaizirs, c'eſt le train ordinaire du comun des hommes : mais ce qui n'eſt que *permis* n'a rien de vertueux , & par conſéquent ne mérite aucune loüange.

Les entreprizes qui ne ſont ni loüables ni vertueuzes , parce qu'elles n'ont point pour motif l'interêt publiq , peuvent avoir quelquefois une grandeur aparente par les grans ſuccéz telles que celles d'Alexandre;les grandes dificultés ſurmontées excitent notre admiration, & prouvent, ou le grand courage,ou les grans talens;ainſi les grans ſuccéz de ces entrepriſes dificiles peuvent bien rendre un homme tréz illuſtre , très ,célébre ; mais ſans motif vertueux, elles ne ſauſoient jamais en faire un *Grand homme.*

Telle eſt la régle que nous diête la raizon : or quelle grande augmentation de bonheur réſulta-t'il des Conquêtes d'Alexandre, ſoit pour les Macedoniens, ſoit pour les Républiques Greques, ſoit pour le genre humain.

Celui qui ſurmonte de grandes dificultés, mérite notre admiration, mais il ne mérite pas toujours notre eſtime & nos loüanges : nous admirons un excelent danſeur de corde ; nous regardons avec étonement ces Indiens ſuperſtitieux, qui font des abſtinences & des macerations corporelles, qui ſemblent ſurpaſſer les forces de la nature ; ils font des choſes extrêmement dificiles ; nous en admirons la dificulté; mais cette admiration n'eſt pas jointe à une grande eſtime de leur perſone, au lieu que nous accordons l'admirationt, la grande eſtime, & la bienveillance à ceux qui, comme Epaminondas viénent à bout d'entreprizes, qui d'un côté ſont très dificiles, & de l'autre très avantajeuzes à leur patrie.

Si j'avois un Grec à comparer à Epaminondas ce ſeroit Solon, qui ſurmonta de grandes dificultéz par ſes grans talens & par ſa grande conſtance , &

qui avec des motifs parfaitement vertueux, rendit de grans services à sa Patrie en lui faisant aprouver des loix sages & salutaires.

SIPION, CEZAR, SILLA, CATON.

Entre les Romains c'est Sipion vainqueur d'Annibal, qui nous paroît surpasser les grans hommes Romains: Cezar n'executa rien de si dificile que Sipion, il n'eut jamais d'Annibal à surmonter.

Cezar ne fit qu'augmenter la puissance de Rome, au lieu que Sipion en augmentant la puissance de la République, sauva les Romains de la servitude des Cartaginois: il afermit la liberté interieure de la République Romaine, & augmenta sa puissance de toute la puissance de la République de Cartage.

A l'égard des motifs de Cezar il ne travailloit que pour sa propre élevation & pour augmenter sa propre puissance, au lieu que Sipion, dans ses entreprizes, ne cherchoit que l'honeur de rendre de grans services à sa patrie en lui con-

ſervant toute ſa liberté au-dedans, &
augmentant de beaucoup ſon pouvoir
au dehors.

Il eſt vrai que Cezar en travaillant
pour lui dans les Conquêtes des Gau-
les rendit de grans ſervices aux Romains ; mais dès qu'il ſe ſert des forces & de l'autorité que la République
lui avoit confiées pour s'en rendre lui
même le Tiran, je n'arête plus mes
yeux ſur les ſervices qu'il a rendus, je
les arête dézormais uniquement ſur ſa
trahizon ; il ne me paroît plus qu'un
ſcelerat celebre par ſes grans talens,
qui a ſeu cacher de très mauvaizes intentions ſous l'aparence de ſervices
eſectifs.

Il eſt ſi vrai qu'à tout prendre, il
mérite plus d'être blâmé que loüé,
que s'il avoit été tué à Farſale où il fit
périr tant de Romains, & que Pompée vainqueur eut rendu au Senat ſon
ancione autorité, & au peuple la liberté des ſufrages, Ciceron, Horten-
ſius, Caton, & les autres bons Citoyens n'euſſent fait aucune dificulté
de mètre Cezar en paralelle avec Catilina, avec cette diference qu'ils euſſent trouvé, que ſi Cezar avoit rendu

à la Republique de plus grans ſervices que Catilina, il lui auroit cauzé auſſi de beaucoup plus grands malheurs : de ſorte que ſon nom fut venu juſqu'à nous chargé de la même execration que le nom célebre de Catilina qui ne manquoit pas de grans talens.

Cezar eut pour but de boul everſer la République, il réuſſit dans ſa déteſtable entreprize; Catilina forma une ſemblable entrepriſe, & y ſuccomba : en bone foi qui de nous ozeroit conclure du ſuccèz de Cezar, que c'eſt un grand home, tandis que l'autre uniquement, faute de ſuccèz n'eſt qu'un ſelerat execrable. Or qui ne voit qu'ils ne ſont efectivement tous deux que de veritables ſelerats, qui ſacrifioient ſans ſcrupule les plus grans interêts de l'Etat à leur interêt particulier, & que par conſéquent ils ſont tous deux dignes de la haine & de l'exécration publique ?

Et il ne faut pas croire que Cezar ſe ſoit rendu maître de la République ſeulement, dé peur que Pompée ne s'en emparât le premier ; car s'il avoit eu premiérement pour motif le ſalut & la grande augmentation du bonheur de ſa Patrie, n'auroit-il pas retirant

dans Rome victorieux de la tiranie de
Pompée, n'auroit-il pas, dis-je, rendu
à ses Concitoyens la liberté des sufra-
ges pour le choix des Magistrats &
des Ministres de l'Etat ? n'auroit-il pas
restitué la souveraine autorité à la Republique ? n'auroit-il pas de concert
avec Caton & avec les autres gens de
bien perfetioné la métode des Elec-
tions, sur tout pour les principaux
emplois ? n'auroit-il pas travaillé avec
eux à fermer pour toujours aux sele-
rats futurs les voyes de la coruption
qu'il avoit lui-même mizes en uzaje
pour ariver aux emplois publiqs ?

C'étoit là l'unique voye de se faire
la plus belle & la plus grande réputation qu'un homme de bien eut pû
desirer, c'étoit pour lui l'unique voye
pour ariver au titre de *Grand homme* où
il aspiroit, mais il n'eut pas l'esprit
asséz pénétrant & asséz juste pour conoître en quoi consiste la veritable
grandeur de l'homme, il n'eut pas l'a-
me asséz grande pour sentir que la
qualité essentielle au grand homme,
c'est de vizer à l'honeur & au plaizir,
d'augmenter de beaucoup à ses propres dépens le bonheur de sa Patrie.

il prit à gauche & fuivit la route des
ambitieux du commun, qui au lieu de
facrifier à la véritable grandeur qui eft
éternelle & perpetuelle, ne facrifient
qu'à la puiffance, qui n'eft qu'une grandeur paffajere, exterieure & emprun-
tée.

Je fupofe dans le tems de Cezar un
riche comerfant dans Rome, qui en
s'expofant à de grands périls & en
furmontant de grans obftacles, tant
par fon grand efprit que par fon grand
courage, parvient à une fortune éclatante fans faire aucune injuftice à perfone, nous ne le metrons ni parmi les
grans hommes, ni même parmi les
homes illuftres de la République, mais
du moins il n'y a rien qui foit blàma-
ble dans la conduite de fa vie, il n'a
rien à fe reprocher, il fait en grand
ce que le commun des Marchands de
la République fait en petit, il fait
une grande fortune, mais fans ofenfer
ni l'Etat ni les particuliers, au lieu
que Cezar en aquerant plus de biens,
plus de pouvoir que le Marchand, ren-
verfe le Gouvernement de fa Nation,
& lui cauze une infinité de grans malheurs.

Pour juger du prix réel de ce grand
Conquerant & de ce grand Comerſant,
il n'y a qu'à ſonjer qu'aucun bon Citoyen n'auroit ſouhaité la mort du
grand Comerſant, au lieu que tous les
gens de bien euſſent fort ſouhaité, que
Cezar ce grand Capitaine n'eut jamais
été ; or pouroit-on prendre pour grand
homme celui que ni les hommes en general, ni ſa patrie, ni les gens de bien
en particulier ne ſauroient regretér ?
ceci paroîtra peut-être paradoxe à pluſieurs lecteurs prévenus ſotement dèz
leur enfance en faveur de la grandeur &
du mérite de Cezar, mais je parle har-
diment quand je parle pour la juſtice
& pour le bien publiq, ſi j'ataque leurs
anciens préjugés il leur eſt permis d'ata-
quer ou mes principes, ou les conſéquences que j'en ai tirées.

Silla premier Tiran de la République
s'empara de l'autorité Souveraine, de
peur que Marius ſon enemi home très
danjereux ne s'en emparât lui-même,
mais après avoir vêcu pendant ſa dicta-
ture avec les ſentimens d'un Tiran, &
après avoir en home du comun exercé
pluſieurs anées le pouvoir tiranique, il
comprit enfin qu'il ne pouvoit jamais

être digne du titre de *Grand homme* ni même d'un *homme illuſtre*, auquel il avoit aſpiré dèz ſa plus tendre jeuneſſe, s'il ne ſe ſoumetoit aux Loix fonda-mentales de l'Etat; il comprit qu'il ne paſſeroit que pour un ſelerat illuſtre tant qu'il demeureroit ſeul malgré les loix en poſſeſſion de toute la puiſſan-ce de la République, ainſi il prit ſa-jement le parti d'abandoner cette puiſ-ſance Souveraine, & de rendre à ſes Concitoyens la liberté des ſufrajes;enfin pour devenir grand homme il quita ſa Royauté uzurpée, il redevint ſimple Citoyen ſans puiſſance, ſoumis aux Ma-giſtrats & protegé uniquement par les Loix.

Je ne voi parmi les Romains que le dernier Caton que l'on puiſſe mètre en paralelle avec Sipion, je me ſouviens d'un endroit où Saluſte parle du ca-ractere de Caton, en voici le Sens.

Il ne diſputa jamais avec les plus am-bitieux à qui arriveroit par des voyes hon-teuzes & injuſtes à la premiere place de la République : mais il diſputa toujours ar-demment avec les meilleurs Citoyens à qui rendroit par des voyes inocentes & ver-tueuzes des plus importans ſervices à la patrie. Saluſte

Salufte par ce feul trait nous fait fentir le grand fens de Caton, qui au travers des préjugéz de préfque tous les Romains, qui métoient alors la grandeur la plus précieuze à devenir plus puiffans dans l'Etat, voit clairement que la puiffance n'eft qu'une fauffe grandeur & que la veritable grandeur n'eft eféctivement que dans l'excelent uzaje de la puiffance pour la plus grande utilité publique.

Il nous montre Caton capable de fentir, que l'honeur que procurent les grandes places, vaut incomparablement moins que l'honeur de paffer pour le meilleur ou pour un des meilleurs Citoyens.

Il nous peint l'ardeur & le courage de Caton pour chercher toûjours la vertu, c'eft-à-dire la plus grande utilité publique; & du même trait Salufte nous fait remarquer la baffeffe, & pour ainfi dire la *vulgairété* des opinions, des fentimens & des motifs de Cezar & du grand Pompée, qui jugeant de lavraye grandeur d'un homme avec auffi peu de difcernement qu'en jugeoit le peuple groffier, préferoient la puiffance, c'eft-à-dire la forte de grandeur, que donent les grans emplois à la véritable grandeur, & à la grande eſtime, qui rézulte des grans talens & du grand zéle pour la patrie.

Il eſt certain, que la vertu paroit encore un peu plus mâle, plus ferme & plus reſpeᶜtable dans Caton, il eſt vrai que le zéle pour le bien publiq, paroit en lui encore un peu plus ardent & plus conſtant que dans Sipion, mais en récompenſe les ſervices efectifs que Sipion rendit à ſa Patrie ſont beaucoup plus importans, que tous ceux que leur rendit Caton, la vertu dans Sipion paroît plus douce & plus aimable de ſorte que ſi j'avois à les juger, mon temperament indulgent me feroit, je croi, pancher pour Sipion.

DESCARTES.

Nous regardons avec juſtice Deſcartes ce fameux Filoſofe du ſiécle paſſé, non ſeulement comme lo plus grand Fiſicien, & comme le plus grand Géomêtre, qui eut paru juſques là dans le monde ; mais encore comme un *Grand Homme*, c'eſt que par une prodigieuze étenduë d'eſprit, par une juſteſſe de raizonement ſurprenante pour ſon tems, par une grande ardeur pour le travail, & par une grande conſtance pour la méditation, il a ſurmonté de très grans obſtacles pour perfectionner dans les homes leur maniere de raizoner, non ſeulement dans la Fizique, mais encore dans toutes les autres conoiſſances humaines; ce n'eſt pas de ſes découvertes dans les ſiences, dont je lui ſai plus dé gré, c'eſt d'avoir mis ſes ſucceſſeurs en état d'y en faire d'incomparablement plus utiles que les ſienes.

Pour juger de la grandeur de ſon genie, il n'y a qu'à faire atention à la multitude de conoiſſances plus exactes & plus vraiſemblables qu'il a aquizes depuis le poinct ou il a trouvé la Géometrie & la Fiſique juſqu'au poinct, où il les a laiſſées; il nous a doné plus de conoiſſances vraiſemblables ſur la Fizique en vint ans, que les ſectateurs de Platon, d'Ariſtote &c, d'Epicure n'avoient fait en deux mille ans.

Mais le poinct principal c'eſt le

grand avantage, qu'il a procuré à la raizon humaine, on ne raizonoit prèf- que point avec juftefle, c'eft à-dire, conféquemment avant Defcartes : nos conoiffances n'avoient prèfque aucu- ne liaizon entre elles, on n'y voioit prèfque rien de fiftèmatique, prèfque rien qui fit corps & dont les parties fuffent liées les unes aux autres pour former quelque chofe de folide.

Il y a diverfes efpéces de vraifem- blances, il y a même des degréz di- ferens dans la même efpéce ; or avant luî nous confondions & les efpéces di- férentes, & les diférens degréz de vraifemblance, & cette confuzion é. toit une fource méprizable d'erreurs, de difputes & de mauvais raizone- mens ; nous avions quantité d'agréa- bles difcoureurs, nous n'avions point de folides *Démonftrateurs* ; il n'y avoit que les Géometres, qui conuffent ce que c'étoit que démontrer.

Avant lui le fens de la démonftra- tion, le fens de la conféquence jufte, ce fens, qui mêt une fi grande difé- rence entre homme d'efprit & hom- me d'efprit, ce fens fi précieux n'é. toit prèfque point exercé, on prenoit pour principes des propofitions très obfcures, trèz équivoques, très fauffes, & même nous tirions mal nos confequences de principes vrais.

Nous confondions encore la certitude, qui vient de l'habitude de juger fouvent & lontems de fuite de la même maniere, & de la multitude des exemples d'opinions femblables ; ainfi les préjugéz de l'enfance étoient pour nous des principes fi certains, qu'ils nous paroifloient très évidens.

Nous marchions en aveugles, & nous n'avançions point fur une ligne droite dans le chemin de la verité : nous ne faizions proprement que des cercles, & nos cercles étoient même de petite étenduë.

Il y a plus, c'eft que faute d'un certain fens fpirituel, néceffaire pour difcerner par nous mêmes la verité, nous étions réduits à nous citer les uns les autres, & à citer même des anciens de deux mille ans, nous, qui aidéz de leurs lumiéres, & des lumiéres de foixante générations, devions avoir incomparablement plus de conoiffances & de lumiéres, que ces anciens, qui vivoient dans l'enfance

de la raizon humaine, nous en étions
venu à ce poinct d'imbecilité que pour
conoître ce qu'il faloit penfer fur telle matiére, nous ne difputions plus
du fonds de la queſtion, mais de quel
fentiment étoit Ariſtote ou tel autre
homme fujet comme nous à l'ignorance & à l'erreur, nous avions des yeux
& nous ne voyons point, il nous a
apris à ouvrir les yeux, & à en faire uzage, & voilà ce que nous lui
devons.

S'il ne nous a laiſſé que peu ou point
de veritables démonſtrations dans la
Fiſique, c'eſt que la matiére jufqu'ici
n'en eſt gueres fufceptible, mais il
nous a enfeigné les moyens d'aprocher de plus en plus, du plus haut
degré de vraifemblance, & même de
la démonſtration, ainfi guidéz dèzor-
mais par fa métode, nous examinons
nos idées pour les bien diſtinguer entre elles, pour les ranjer & pour les
lier par le raizonement, nous défi-
niſſons plus exactement nos termes
pour éviter les équivoques, nous co-
menfons à faire uzaje de cette métode pour former des démonſtrations
aritmetiques dans ce qui regarde la pof-

litique, le sujet le plus important de
toutes les conoiſſances humaines.

Il avoit pour ſon entreprize un motif vertueux, il ne cherchoit ni les
grands revenus, ni les grands emplois, il ne ſouhaitoit que la gloire
précieuze de rendre un très grand ſervice à la ſocieté en géneral en perfectionant la raizon humaine, ſon motif eſt donq trèz loüable, on voit aſ-
féz que ſon entreprize étoit trèz grande, & qu'il faut, qu'il ait ſurmonté par ſon grand courage, & par
ſon grand génie de trèz grandes dificultéz pour y réuſſir, & il y a reuſ-
ſi; il a rendu aux hommes en général un ſervice très important, ainſi
le voilà *Grand homme* ſans conteſtation
& l'un des plus *Grands Hommes* qui
ayent jamais été.

Petits motifs unis aux grans talens.

On voit tous les jours des homes
qui metent toute la force de leur efprit, toute leur ardeur & toute leur
conſtance à ſurpaſſer leurs pareils dans

des bagatelles très dificiles à la verité, mais dans le fonds très peu utiles à la grande augmentation du bonheur de leur Patrie, il semble, qu'ils n'ont en vüe que de disputer ou d'esprit ou de memoire ; en prouvant qu'ils peuvent dans leurs entreprizes surmonter de plus grandes dificultéz que leurs pareils & ariver par ce chemin à une plus grande distinction ; mais ils ne s'avizent pas de disputer d'utilité d'entreprizes, ce qui est cependant un vrai manque de discernement & d'étenduë d'intelligence ; car avant que d'entreprendre de disputer de pénétration d'esprit, ne vaudroit-il pas mieux disputer de discernement sur le choix de la matiére où l'on veut employer cette pénétration ; ne faudroit-il pas comencer par [choizir la matiére la plus importante, pour l'augmentation du bonheur des Citoyens, au lieu de choizir celles qui sont incomparablement moins utiles.

D'autres avec de grans talens ont travaillé sans relache avec des éforts continuels & incroiables, & ont surmonté éfectivement des dificultés étonantes ; mais uniquement pour fai-

d'une fortune éclatante, & pour ê-
tre grans du moins aux yeux du vulgaire, qui ne peut mezurer la grandeur des hommes que par leur puiffance, c'eft-à-dire, par la grandeur des
richeffes & des places, mais comme
ces hommes petits & vains fe bor-
noient *petitement & baffement* à leur
interêt particulier fans fe foucier du
bien publiq, comme leur motif n'é-
toit ni grand ni loüable ni vertueux;
il n'eft pas furprenant que le conoif-
feur ne les regarde pas comme de
Grans Hommes quelques talens qu'ils
ayent poffedèz, quelques fuccéz qu'ils
ayent eu pour obtenir les plus grans
revenus, & les premiéres places d'un
Etat.

Les gens de bien les regardent au
contraire comme des ames trèz petites, trèz baffes, très comunes, qui
n'ont eu pour motif que la grandeur
de la place, & non pas l'aquifition
des grandes qualitéz, que démande
la grande place, ils ont laiffé folement la vraye gloire, que donc les
grans talens & l'excelent uzaje de ces
talens, pour courir après la vanité,
ils ont manque d'efprit dans le poinct

le plus essentiel de la vie , c'est-à-re dans le choix du but , qu'ils doivent se propoſer.

Les hiſtoriens expoſent à nos yeux une foule de ces petits hommes, & de ces hommes du comun , qui achetoient folement des places & des dignités honorables par une conduite trèz dèshonorante , c'eſt-à-dire par des flateries honteuzes, par des lachetéz , par des perfidies & par de noires calomnies ; mais qui voudroit par exemple doner la moindre loüange à Sejan ou à Tigellin les Miniſtres les plus autorizés du plus grand empire du monde , ils ont ſurmonté avec beaucoup d'eſprit & avec une ardeur incroyable de trèz grandes dificultéz, ſoit pour ariver à la place de Miniſtre général & de favori, ſoit pour s'y maintenir , je le veux, mais étoit-ce par des motifs vertueux, qu'ils les ont ſurmontés ? Et d'ailleurs qu'ont ils fait de grand pour l'utilité de l'empire aprèz qu'ils ſont arivéz à ces premieres places ?

Nous faizons naturellement des comparaizons entre les hommes de même métier & de même profeſſion.

nous en trouvons qui a force d'avoir surmonté de grandes dificultés font parvenus à exceler de beaucoup entre leurs pareils, ils font grans dans leur profeſſion & nous difons un grand Poëte, un grand Muſicien, un grand Comedien, un grand Peintre, un grand Orateur, un grand Jurifconſulte, un grand Médecin, un grand Géometre, un grand Aſtronome, un grand Sculteur, un grand Architecte, parcequ'en furmontant de grandes dificultés par leur travail, & par la pénétration de leur efprit, ils fe font fort diftingnéz entre leurs pareils.

Mais le titre de *Grand Homme tout court* ne convient proprement qu'aux grans génies de deux efpéces *de profeſſions illuſtres & importantes.*

La premiére de ces profeſſions regarde la grande augmentation du bonheur des hommes en géneral, telle eſt la profeſſion des génies fpeculatifs apliquéz à perfectionner confidérablement celles des conoiſſances humaines, qui font les plus importantes au bonheur des hommes & à démontrer un grand nombre de véritéz tréz importantes à la fociété humaine, en général &

B b ij

hureuzement pour le bien publiq
dans la profession de ces speculatifs,
qui cherchent des veritéz très importantes ; un grand génie avec une
meditation profonde & constante,
peut surpasser de beaucoup ses concur-
rens , & devenir *Grand Homme* sans
avoir bezoin ni de naissance illustre,
ni de grand pouvoir, ni de grand
credit, ni de grans revenus, ni d'emplois publiqs.

L'autre profession illustre & importante est des génies plus praticiens
que speculatifs, plus ocupéz de l'action que de la méditation , elle regarde la grande augmentation du bonheur non des hommes en géneral,
mais d'une Nation en particulier, telle est la profession & l'employ des
Rois, quand ils ont comme avoit
Louis le Grand asséz d'inclination pour
la gloire, & asséz d'aversion pour la
faineantize , pour préférer dèz leur
première jeunesse, le travail & l'honneur de bien gouverner à la fainéan-
tize, & à la vie mole & voluptueu-
ze, & quand ils ont comme lui la
force d'esprit nécéssaire pour tenir eux
mêmes avec *fermeté*, & avec constan-

ce le timon du gouvernement ; tel
eft encore l'emploi des Miniftres , des
généraux d'Armées , & des prémiers
Magiftrats des Provinces , parceque
dans ces profeffions ils peuvent rendre par leurs grans talens & par leur
grande aplication un nombre prodigieux de fervices journaliers à leur
Nation.

Or comme les génies fpeculatifs ,
tels que Defcartes peuvent fe diftinguer entre leurs pareils par la grande
utilité de leurs découvertes , les génies praticiens ocupéz à réduire en
pratique les véritéz démontrées , ou
par les fpeculatifs , ou par l'experience, peuvent de même fe diftinguer beaucoup entre leurs pareils par les grans
avantages qu'ils procurent à leur Patrie ; les Rois entre les Rois , les
Miniftres entre les Miniftres , les Généraux entre les Généraux , les Premiers Magiftrats entre les premiers
Magiftrats , mais s'ils n'ont que des
motifs trèz comuns dans leur conduite quelques grans que foient leurs talens & leurs fuccèz , ce ne font au
plus que des hommes illuftres , au
lieu que fi leur motif eut etè grand

& vertueux, ils euſſent paſſé les *Hommes illuſtres*, ils euſſent été du nombre
des *Grans Hommes*.

On voit que les premiers hommes
de ces deux eſpéces de profeſſions, l'u-
ne ſpeculative, qui regarde la grande
augmentation de bonheur de toutes
les Nations en général, l'autre pratique, qui regarde la grande augmentation de bonheur d'une nation en
particulier, peuvent ſeuls être noméz
de *Grans Hommes*. Voici donq les
trois conditions ſans leſquelles on ne
ſauroit être *Grand Homme*.

1°. Grand motif ou grand dezir
du bien publiq.

2°. Grandes dificultéz ſurmontées
tant par la grande conſtance d'une a-
me patiente & courageuze, que par
les grans talens d'un eſprit juſte, étendu & fertile en expediens.

3°. Grans avantages procurèz au
publiq en général ou à ſa patrie en
particulier.

En un mot il faut que le *Grand
Homme* ſoit grand bienfaiteur ou des
hommes en général par des métodes
ou des véritéz *très importantes* bien démontrées ou grand bienfaiçteur d'u-

ne Nation en particulier, soit par une conduite sâje & vertueuze durant une longue suite d'anées, soit par des reglemens & des établissemens très importans, soit par des grans avantages remportées, sur les enemis de la Nation : voilà véritablement, ce qui constitue le *Grand Homme*.

Plus le bienfait est grand, durable, étendu à un plus grand nombre de familles, & dificile à procurer, plus aussi celui qui le procure, se distingue entre les *Grans Hommes*.

HENRI IV.

De là on voit, que si Henri IV. Roi de France eut exécuté son projet si fameux & si sensé pour rendre la paix perpetuelle & universelle entre les souverains Crétiens, il auroit procuré le plus grand bienfait, qu'il soit possible; non seulement à ses sujets, mais encore à toutes les Nations Crétiénes & même par une suite nécessaire, au reste de la terre : bienfait, auquel toutes les familles vivantes & futures eussent participé durant tous les siécles avenir : bienfait, qui enfer-

me l'exemtion des maux immenses &
innombrables, que causent les guerres
civiles & étrangéres : bienfait , qui
eut produit tous les biens qui ré-
zultent nécéffairement d'une paix universelle & inalterable: s'il eut executé , dis-je , ce merveilleux projet il
eut été fans comparaizon le plus grand
homme qui ait été, & qui fera jamais.

Il eft vizible qu'un pareil bienfait
furpaffe infiniment les bienfaits, dont
la Republique Romaine étoit rédeva-
dable à Sipion, parceque Scipion ne
procuroit de grans avantajes, qu'à
fa patrie, parcequ'il ne les lui procuroit qu'aux dépens des Nations voi-
fines, & parcequ'il ne laiffoit point
de moyens propres pour prévenir les
guerres civiles dans fa République,
au lieu que Henri le Grand par fon
excelent projet eut prezervé la France
fa patrie pour tous les fiécles avenir,
de toutes les guerres civiles & étrangeres, & il s'en prézèrvoit fans qu'il
en coutat rien aux autres Nations &
fauvoit en même tems toutes les familles de toutes les autres Nations,
non feulement des perils mais encore

des malheurs inconcevables & efectifs
de toutes les guerres possibles.

Il auroit même exécuté ce beau pro-
jeté si dèz la premiere ou la seconde a-
née qu'il le forma il avoit conu la
verité d'une proposition que j'ai de-
montré depuis dans les trois tomes *du
projet de paix perpetuelle*, la voici : *pour
rendre l'établissement de l'arbitrage Euro-
pain tréz solide, il n'est pas nécessaire,
que les souverainetéz, qui doivent compozer la Republique Europaine, soient
égales ou presque égales en étenduë ou
en puissance comme le croioit ce Prince,
mais il sufit qu'elles y entrent toutes en
l'Etat qu'elles se trouvent à present en
prenant pour poinct fixe & immuable la
possession actuelle, l'execution des derniers
traitéz & l'aneantissement de toutes les
prétentions, qui vont à diminuer cette
possession actuelle ou à éluder ces derniers
traitéz.*

Les Souverains auroient reçu des
équivalens infiniment avantajeux pour
l'abandonnement de toutes leurs prétentions réciproques & ces équivalens
si avantajeux étoient les avantajes immenses qui auroient rezulté de l'im-
possibilité de faire la guerre avec suc-

céz, & par conſequent de la perpé-
tuité de la paix.

Au reſte ce Prince a toujours eu
l'honneur de la plus importante invention, de la plus utile décou verte
qui ait paru ſur la terre pour le bonheur du genre humain, & l'exécution
de cette grande entreprize peut bien
être rezervée par la providence au
plus grand homme de ſa poſterité.

CHARLES QUINT.

Charles Quint par le grand nombre de guerres qu'il entreprit & des
ſuccéz qu'il eut dans ſes entreprizes
regna avec éclat, il ſurmonta même durant ſa vie de grandes dificultéz, tant par ſon eſprit que par ſon
courage, c'eſt ce qui le fait fort diſtinguer entre les Rois & entre les
Empereurs, ſoit ceux qui l'ont pré-
cedé, ſoit ceux qui l'ont ſuivi.

Mais faute d'avoir toûjours eu pour
but dans ſes entreprizes d'être voi-
ſin juſte & bienfaizant, faute d'avoir
été exact obſervateur de ſes promeſ-
ſes, faute d'avoir toûjours eu pour
but à l'exemple de Louis XII. d'au-

gmenter le revenu de ſes ſujets comme un pere eſt ocupé d'augmenter le
revenu de ſes enfan s, & pour avoir
au contraire fort ſouvent diminué leur
révenu par ſes grands ſubſides dans le
deſſein d'augmenter le ſien propre par
ſes conquêtes, & pour avoir borné
ſes bienfaits à ſes courtiſans avides aux
dépens de ſes peuples, comme en u-
zent les Rois du comun, il eſt par-
venu à la verité par les grandes dificultés qu'il a ſurmontées au titre de
Roi illuſtre, de grand Roi entre les
Rois ſe s pareils, d'Empereur illuſtre,
de grand Empereur entre les Empé-
reurs on peut avec juſtice l'apeler Charles le grand ; mais de là au *Grand Hom-*
me, c'eſt-à-dire au grand bienfaiċteur
ou des hommes en gêneral ou de ſes
ſujets en particulier, il y a encore un
eſpace prodigieux.

Pour le malheur de ſes ſujets & de
ſes voiſins il n'aprit point dans ſon
Education, & ne conut pas dans le
reſte de ſa vie de quelle importance
il lui étoit pour parvenir au titre de
Grand Homme, de pratiquer plus conſtament l'èquité envers tout le monde, & la *bienfaiẓance*, envers ſes ſu-

jets & fes voizins. On fent même en
lizant fon hiftoire, qu'il avoit peu-
de zèle pour augmenter le bonheur
de fes fujets, & qu'il n'eut jamais ten-
té de furmonter tant & de fi grandes dificultéz, s'il n'avoit eu pour
objet & pour motif que l'honeur de
leur procurer beaucoup de biens, &
de procurer durant fon regne une parfaite tranquilité à toute l'Europe.

Grandes places, grandes qualitéz.

Ce n'eft ni la grande place, ni la
grande puiffance, qui fait le *Grand
Homme* ; les Empereurs, les Rois, les
Miniftres peuvent être des homes très
médiocres, & même des félerats &
des hommes trèz méprizables avec leur
grande puiffance ; témoin Neron, témoin Séjan.

La feule règle avec laquelle on doit
donq mezurer les hommes, c'eft toûjours le grand dezir du bien publiq,
motif vertueux de leurs entreprifes.

Les grans avantajes du publiq, fuite naturelle de leurs grandes entreprizes.

Et enfin les grans obftacles furmon-

tés dans leurs entreprizes, preuve de
leurs grans talens, de leur grand courage, & de leur grande conſtance pour
la vertu.

Sans ces trois conditions eſſentiél-
les il peut y avoir de l'éclatant, du
brillant dans leurs ſuccéz, mais au
fonds ce n'eſt rien de vertueux, &
par conſéquent rien de loüable, le
peuple prend ſouvent les faux dia-
mans pour vrais, mais aprochéz E-
paminondas d'Alexandre, aprochéz
Sipion de Cezar, aprochéz Trajan de
Charles Quint, aprochéz le vrai du
faux, le peuple même groſſier &
ignorant en ſent bientôt la diférence,
il eſt bientôt dèzabuzé, & ne ſauroit
plus s'y méprendre.

L'hiſtoire nous a conſervé la mémoire de Généraux, de Miniſtres,
qui ſe ſont fort diſtinguez entre leurs
pareils, ils ont rendu de grans ſervices à leur Nation en ſurmontant de
grandes dificultés, mais ils vendoient
leurs ſervices le plus cher qu'ils pouvoient à leurs Princes, à leur Patrie;
ils vouloient de grans revenus, ils
vouloient de grandes dignitéz, ils cherchoient moins l'honeur que les hon-

neurs, ce font des *Hommes Illuftres ;*
j'en conviens, mais peut-on jamais
regarder comme de grans Hommes,
ceux qui n'ont jamais eu rien que de
petit, de bas & de vulgaire dans leurs
motifs?

Je conviens que les hommes en
cherchant la plus grande utilité publique, avoient pour motif principal
la gloire de faire plus que leurs pareils, foit pour le bonheur des hommes en géneral, foit pour le bonheur
de leur nation en particulier : c'eft que
pour être grans ils ne cefloient pas
d'être hommes, & il faut que l'homme comme toute créature raizonable
ait une forte de plaizir pour premier
reffort de fes entreprizes : ils cherchoient donq le plaizir de la diftinction dans l'augmentation du bonheur
des autres, ils cherchoient la gloire,
mais c'étoit la gloire la plus précieuze, c'eft-à-dire la gloire la plus utile
à la patrie, ils couroient avec ardeur
vers cette gloire, qui produit de fi
grands avantajes à la focieté & la feule digne de notre refpect & de notre
admiration, ainfi plus ils aimoient la
bone gloire & la diftinction la plus

précieuze, plus ils étoient estimables & dignes de loüanges.

Il est à propos d'observer, que l'on peut être illustre en tel art, dans telle profession sans être *Homme illustre tout court*; Lully par exemple a été illustre dans la musique, mais on ne dira jamais quand on voudra parler avec justesse que c'étoit un *Homme illustre*, c'est qu'il ne travailloit que pour sa fortune, & que sa profession n'étoit pas illustre, c'est-à-dire du nombre de celles où l'on puisse rendre des services très-importans à la Patrie.

Plutarque avec son sens exquis n'auroit jamais comis la faute grossiere d'un de nos écrivains, qui a mis très imprudemment parmi les *Hommes illustres tout court*, & côte à côte de feu M. de Turenne, des Poëtes, des Peintres illustres, des Astronomes, des Jardiniers, des Graveurs illustres, qui n'étoient ni des *Grans Hommes* ni même des *Hommes illustres tout court*, ce n'étoient que des hommes, dont la profession n'étoit pas des plus utiles au bien publiq & qui la plupart n'avoient pour motif de leurs entreprizes que l'augmentation de leur fortune.

L'homme, qui n'a aucun grand talent, mais qui est juste & bienfaizant, ne laisse pas de se faire distinguer entre ses pareils par sa vertu ; les marques de bienveillance & d'estime qu'il réçoit de ceux qui le conoissent, sont pour lui une sorte de revenu de plaizirs, que done la distinction précieuze de la vertu ; or ces plaizirs sont très sensibles pour les ames vertueuzes, mais s'il n'a pas de talens distingués il ne peut jamais passer pour homme illustre.

Il y a donq une grande distance entre *Homme illustre* dans une profession non illustre & *Homme illustre tout court*, c'est-à-dire, dans une profession illustre & importante à la societé.

Il y a de même une grande distance entre *Homme illustre tout court &* *Grand Homme*, le Grand Homme est toûjours illustre, mais l'homme illustre n'est pas toûjours Grand Homme, & si l'on y veut faire atention les bons esprits de tous les tems & de toutes les Nations, n'ont point eu d'autres idées soit de la véritable grandeur de l'home, soit de la diférence qui est entre le *Grand Homme & l'Hom-*
me

me Illuſtre, elles ſe ſont transmiſes de ſiécle en ſiécle juſqu'à nous.

DIFERENCE

Entre Grand Homme & Grand Saint.

CE qui fait la grande diférence entre l'Homme illnſtre, & le Grand Homme, c'eſt la baſſeſſe & la *vulgaireté* des ſentimens & du motif de l'homme qui n'eſt qu'illuſtre, il n'agit point, il n'entreprend rien que pour lui ſeul, ſans ſe ſoucier du bonheur du publiq & des autres hommes qu'autant que leur interêt peut contribuer au ſien, au lieu que le Grand Homme a des ſentimens & des motifs plus élevéz, ii ſe ſoucie fort du bonheur de ſes Concitoyens, & préfere ſouvent leurs interêts au ſien propre; l'homme, qui n'eſt qu'illuſtre par ſes grans talens & par ſes grans ſuccéz dans les afaires publiques, vend le plus cher qu'il peut ſes ſervices au publiq, au lieu que le Grand Homme pour toute récompenſe des grans bienfaits qu'il procure au publiq avec de grandes qualitéz,

C c

avec de grans talens aquis avec beaucoup de peines, se contente du plaizir que lui cauze l'honeur d'être plus grand bienfaicteur publiq que ses pareils.

De même ce qui fait la grande diference entre le grand homme & le Grand Saint, c'eſt encore la diférence de degré d'élevation entre les motifs de l'un & les motifs de l'autre dans leurs entreprizes.

Car ſupoſant leurs entreprizes égales en utilité pour l'augmentation du bonheur des hommes en géneral ou de leurs Concitoyens en particulier, ſupoſant entre eux les peines égales pour y réuſſir, celui qui n'eſt que grand homme, ne travaille point pour plaire à Dieu, qui veut, que les hommes travaillent mutuellement les uns pour augmenter le bonheur des autres, il ne ſonge pas à concourir au but de l'être ſouverainement ſaje & bienfaizant, il ſe borne ſotement au plaiſir & à la gloire de la vie préſente.

Au lieu que celui, qui eſt Grand Homme & Grand Saint ſe gouverne par un motif plus grand, plus élevé, il travaille pour plaire à Dieu, pour

imiter cet être infiniment bienfaizant,
qui aime les hommes, qui par conféquent veut que nous l'imitions le
plus qu'il nous eſt poſſible du côté de
cette *bienfaizance* envers les hommes,
& qui promêt des délices infinis en
grandeur & en durée à celui qui fera bienfaizant pour lui plaire ; or il
faut avoüer que le motif de l'homme
faint eſt beaucoup plus élevé que celui
du Grand Homme, il eſt plus conforme à la raizon la plus eclairée, qui
n'eſt autre qu'une etincelle de la raizon fuprême.

Je ne difconviens pas, que le dezir de plaire à Dieu pour obtenir le
Paradis ne foit un dezir interéſſé,
très faje & très fenfé, mais il faut
avoüer auſſi, que c'eſt un interêt trèz
faint, trèz vertueux, trèz agréable à
Dieu & trèz conforme aux ordres de
la providence, c'eſt-à-dire de l'Auteur
de la nature & de la grace, qui eſt ſi
bienfaizant qu'il nous invite par les
grandes récompenfes de la feconde vie
à l'imiter par des actions de bienfaizance dans notre prémiére vie.

Or dans le plan de cet être bienfaizant, qui a pour but de nous ren-

dre fort hureux dèz cette premiére vie, & pour nous faire mériter une seconde vie incomparablement plus hureuze, que pouvoit-il faire de plus faje que de nous doner d'un cSté, soit comme Créateur, soit comme auteur de la grace la liberté d'éviter le mal, & de faire le bien, c'est à dire le pouvoir de nous abstenir des injustices, & de pratiquer la bienfaizance, & de l'autre que pouvoit-il faire de plus eficace pour nous détourner des injustices que de nous menacer des peines terribles ? que pouvoit il faire de plus fort pour nous engajer à devenir très bienfaizans que de nous faire des promesses immenses & éternelles ?

La voye des menaces & des promesses, de la crainte & de l'esperance pour conduire les êtres libres est tellement marquée par l'Auteur de la nature & de la grace, que de vouloir introduire une autre voye exemte de la crainte de l'Enfer & de l'esperance du Paradis que Dieu nous montre incessament, c'est, ce me semble, s'écarter des voyes de sa sagesse éternelle, & de la providence pour courir apréz des illusions, c'est prétendre être plus sage que Dieu même, & que l'Auteur même de notre nature, & quand même il feroit plus parfait d'agir fans crainte des peines futures, & fans efperance des plaizirs futurs, mais feulement par le plaizir actuel de l'amour ; il eft toujours certain que quiconque ajoûtera encore au motif actuel, à ce plaizir actuel fi dézintereffé un autre motif, un autre reffort très naturel, très grand ; & tel qu'eft le penchant violent & continuel d'augmenter un jour ce plaizir actuel à l'infini, & de le rendre éternel ; un motif pareil augmentera de beaucoup fes forces pour les grandes entreprifes, & pour furmonter les peines & les dificultéz qui fe rencontrent pour procurer aux hommes de trèz grans avantajes, & ce motif ne peut être regardé que comme plus parfait & plus conforme à la prudence crétiéne.

De là il fuit, que le grand homme qui a le bonheur d'être Crétien, peut très facilement devenir un grand Saint, car puifque le fimple defir d'être honoré des hommes en cette vie eft pour lui un motif, un reffort déja affez puiffant pour le rendre conftant à fur-

monter les grandes dificultéz des grandes entreprizes , il les furmontera avec
plus de facilité , quand à ce reffort il
y en ajoûtera encore un autre , qui eft
le motif , le reffort de l'efperance , non
feulement de plaire à Dieu comme auteur de la nature & de la grace , mais
encore d'obtenir le Paradis , c'eft à
dire un bonheur trez grand , trez fenfible & infiniment durable.

Il ne peut pour cela manquer au
grand homme , que l'habitude à fonjer à la vie future , car je parle aux
grans hommes d'aujourdui , qui vivent
dans un fiecle où notre raizon eft fufizament éclairée fur les atributs de Dieu,
& particulièrement fur fa juftice, fur
fa profonde fajefle , fur fa toute puiffance , & fur fa fuprême *bienfaizance*
envers les homes , car cette bienfaizance divine demande néceffairement
des homes , qu'ils tâchent de l'imiter ,
& par conféquent qu'ils foient juftes
& bienfaizans les uns envers les autres;
or le grand homme n'eft - il pas
conduit naturellement fans peine , &
par fon interêt même à cette habitude
religieuze & crétiéne , dans laquelle
confifte l'éffentiel de la pratique de la

Religion la plus parfaite : le grand homme peut n'être pas grand Saint, mais le grand Saint eſt toujours grand homme, c'eſt à dire grand bienfaicteur des hommes pour plaire à l'Etre ſouverainement bienfaizant.

DIFERENCE

De Grandeur entre les Saints.

De là il ſuit , qu'il y a diférence de grandeur entre les Saints , j'apele ſaints, ceux , qui entre leurs pareils ont le plus d'habitude à raporter le plus grand nombre de leurs actions au dezir de plaire à Dieu comme auteur de la nature & de la grace, & d'obtenir le Paradis par la pratique de la bienfaizance envers les hommes.

Cette diférence de ſainteté peut venir de la diférence d'ardeur , de conſtance, & de fréquence de ce deſir de plaire à Dieu, mais comme il eſt vizible, que les qualitéz de ce dezir peuvent être égales dans le grand homme, qui avec de grans talens a executé de grandes chozes pour l'utilité publique, & qui procure aux hommes de trés grands avantages , & dans un homme qui a vêcu dans la juſtice , mais qui n'a rien fait que de commun pour l'utilité publique ; ils ſeront tous deux Saints, puiſqu'ils auront tous deux fait ce qui étoit en leur pouvoir , ſoit pour être juſte , ſoit pour imiter Dieu auteur de la nature , & de la grace dans la bienfaizance envers les hommes , mais il eſt évident que le grand homme , qui ſera Saint , ſera plus grand Saint , parce qu'il eſt beaucoup plus grand bienfaicteur des hommes , & par conſéquent plus ſemblable à l'Etre ſouverainement bienfaizant par un plus grand pouvoir, & par de plus grans talens utilement employez en bienfaits.

De là il ſuit , qu'entre deux inſtituts de Religieux où l'on ſupoſe deſir égal de plaire à Dieu ; celui, qui eſt deſtiné à ne faire que prier pour le ſoulagement des pauvres & pour l'enſeignement des ignorans, eſt un inſtitut bien moins bienfaizant , & par conſéquent bien moins Saint que celui qui eſt deſtiné, ou à ſoulager réellement les pauvres & les malades , ou à enſeigner réellement les enfans dans les Coleges , ou les ignorans dans les campagnes,

pagnes, les uns ne font que dezirer la bienfaizance, & le dire dans leurs prieres, ce qui eſt peu utile, & aux pauvres, & aux malades, & aux enfans & aux autres ignorans ; les autres en ſuivant la voye de la Providence ordinaire ne ſe contentent pas de dezirer que le bien ſe pratique ; ils le pratiquent eux-mêmes, ils pratiquent la bienfaizance même envers ceux qui en ont le plus bezoin, ce qui met une grande diference de véritable ſainteté dans leur inſtitution.

Je dis que ces dezirs de bienfaizance qui ſont marquez dans les prieres, ſont peu utiles aux pauvres, parce que celui qui prie, ne doit pas s'atendre que ſa priere produira un miracle, c'eſt à dire un renverſement de l'ordre & des régles de la Providence ordinaire, ce qui eſt une préſomption ridicule, & même blâmable, en ce que la prudence crétiéne conſeille toujours de préferer aux voyes miraculeuzes les voyes ordinaires & comunes de la providence.

Enfin il eſt vizible par l'experience journaliere, qu'une aumône d'un écu vaut beaucoup mieux pour une pauvre famille, qu'un mois, qu'un an de dezirs & de prieres de pareils pieux fanatiques, qui ont la préfomption d'operer des miracles par la feule vertu de leurs prieres.

Les peines que foufrent les Derviches chéz les Turcs font des marques de la grandeur de leurs dezirs, mais des peines qui ne produifent aucune utilité aux autres, ne font que des effets des opinions infenfées qu'ils ont de Dieu, qu'ils font femblables aux hommes, au lieu de croire qu'il nous gouverne par des voyes & des régles fajes qu'il nous fait conoître tous les jours par notre experience.

De là il fuit, que tout le refte étant égal du côté de la charité, la grande fainteté fe mezure par les grans bienfaits réels, & par la grande utilité réelle qu'un Saint a procuré aux hommes pour plaire à Dieu, bienfaits qu'un autre Saint ne leur a pas procuréz, ni fi grans, ni en fi grand nombre avec motif égal de charité.

CONCLUZION.

Il y a des véritéz dans la Géometrie

dont tout le mérite consiste à éclaircir des dificultez, que les autres Geometres n'ont pû éclaircir, ces grandes dificultéz prouvent à la vérité, la force, l'étendue & la justesse de leur esprit: mais qu'est-ce que cette preuve importe à l'augmentation du bonheur de la societé, & telles sont quantité de véritéz trez dificiles, & jusqu'ici trez inutiles, que l'on a démontrées dans quelques siences; or ces grans génies n'eussent-ils pas été plus dignes delouanges, s'ils avoient surpassé leurs pareils par des découvertes non moins dificiles, & beaucoup plus utiles à la societé?

Les persones sensées ne sauroient voir ces grans efforts d'esprit sans dire, *quel domage pour la patrie, que ces esprits sublimes n'ayent pas tourné ces mêmes efforts du côté des découvertes les plus utiles*, quel domage qu'ils ne se soient pas apliquez de bone heure à la sience du gouvernement dans laquelle il n'y a pas de moindres dificultéz à éclaircir, & dans laquelle la moindre découverte est vint fois, mille fois plus utile que les plus belles découvertes qu'ils ayent faites dans la partie purement curieuze des siences qu'ils ont cultivées, quel

D d ij

domage qu'ils n'ayent pas eu autant de
fagefle & de difcernement que de pe-
nétration d'efprit ; car la fajeffe confifte à eftimer les chofes, les vérités,
les découvertes à proportion qu'elles
font importantes à l'augmentation du
bonheur.

Ces diferences de prix entre homme illuftre dans tel art, dans telle pro-
feffion , dans telle fience & homme illuftre tout court , entre homme illuftre
& grand homme, entre grand homme
& grand Saint font des vérités trez importantes à enfeigner , pour l'augmentation du bonheur des hommes, fur
tout fi durant l'éducation, on a grand
foin de la faire paffer en habitude par
divers exemples journaliers dans l'efprit
des enfans durant les neuf ou dix anées
de Colege.

La raizon c'eft que les hommes ont
naturelement un dezir vif & conftant
d'être diftinguéz entre leurs pareils ;
or il eft alors de la derniere importance pour l'augmentation du bonheur de
la focieté, & pour contribuer à éfectuer
les vües de Dieu fur les hommes libres,
que déz leur jeune âge leurs Régens leur
ayent apris à méprifer les diftinctions

Vaines, passajeres, frivoles, & à n'estimer que les seules distinctions précieuzes, solides, durables, que procurent les talens les plus utiles à la societé, & la pratique des vertus propres à éviter l'Enfer & obtenir le Paradis.

Or comme les génies superieurs songent dèz leur premiere jeunesse à devenir de grands hommes, de grans Saints, il faut de bone heure leur montrer dans toutes leurs classes le chemin le plus court qui y conduit. Ainsi une vérité de morale, qui multiplie dans les Etats les grans hommes, les grans bienfaicteurs de la patrie, les grans imitateurs de Dieu Souverain bienfaicteur des homes, est infiniment avantageuse à la societé crétiéne qui n'a pour but que l'augmentation du bonheur du genre humain, tant dans la premiere vie que dans la seconde, *& tel a été le but que je me suis proposé en éclaircissant ces véritéz.*

F I N.

APROBATION.

J'Ai lû parordre de Monseigneur le Garde des Sceaux un manuscrit qui a pour titre : *Projet pour perfectionner l'éducation des Colèges*, & j'y ai trouvé de très-bons principes pour élever les jeunes gens à la vertu. Fait à Paris ce septiéme Mars mil sept cens vingt-huit. *Signé* DANCHET.

de le vendre, faire vendre & débiter
par tout notre Royaume pendant le
temps de trois années confecutives,
à compter du jour de la date defdites prefentes ; faifons défenfes à tous
Libraires-Imprimeurs, & autres per-
fonnes de quelque qualité & condition
quelles foient d'en introduire d'impreffion étrangere dans aucun lieu de
notre obéiffance ; à la charge que ces
prefentes feront enregiftrées tout au
long fur le Regiftre de la Communau-
té des Libraires & Imprimeurs de Paris dans trois mois de la date d'icelles;
que l'impreffion de ce livre fera faite
dans notre Royaume, & non ailleurs;
& que l'impetrant fe conformera en
tout aux Reglemens de la Librairie,
& notamment à celui du dixiéme Avril
1725. & qu'avant que de l'expofer en
vente le manufcrit ou imprimé qui
aura fervi de copie à l'impreffion dudit
livre fera remis dans le même état où
l'approbation y aura été donnée és
mains de notre très-cher & féal Chevalier Garde des Sceaux de France le
fieur Chauvelin, & qu'il en fera enfuite remis deux exemplaires dans notre Bibliotheque publique, un dans

celle de notre Château du Louvre,
& un dans celle de notredit très-cher
& feal Chevalier Garde des Sceaux de
France le Sieur Chauvelin, le tout à
peine de nullité des prefentes ; du contenu defquelles vous mandons & en-
joignons de faire joüir l'expofant, ou
fes ayans caufes pleinement & paifi-
blement, fans fouffrir qu'il leur foit
fait aucun trouble ou empêchemens.
Voulons qu'à la copie defdites prefentes qui fera imprimée tout au long
au commencement ou à la fin dudit
livre, foi foit ajouté comme à l'origi-
nal. Commandons au premier notre
Huiffier ou Sergent de faire pour l'execution d'icelles tous actes requis &
neceffaires, fans demander autre per-
miffion, & nonobftant Clameur de
Haro, Charte Normande, & Let-
tres à ce contraires : CAR tel eft notre plaifir. Donne' à Fontainebleau le
vingtiéme jour du mois de Septembre
l'an de grace mil fept cent vingt-huit,
& de notre Regne le quatorziéme.
Par le Roi en fon Confeil. *Signé,*
CARPOT.

Regiftré fur le Regiftre VII. de la

Ee

*Chambre Royale & Syndicale de la Li-
brairie & Imprimerie de Paris, N°. 227.
fol. 191. conformément au Reglement de
1723. qui fait défenses art. IV. à toutes personnes de quelque qualité qu'elles
soient, autres que les Libraires & Imprimeurs de vendre, débiter, & faire
afficher aucuns livres pour les vendre en
leurs noms, soit qu'ils s'en disent les Auteurs ou autrement; & à la charge de
fournir les exemplaires prescrits par l'article CVIII. du même Reglement. A
Paris le vingt-trois Septembre mil sept
cent vingt-huit. Signé,* COIGNARD
Syndic.